伟人的青少年时代

恩格斯

郑春兴　主编

时代文艺出版社

图书在版编目（CIP）数据

恩格斯 / 郑春兴 主编. 一长春：时代文艺出版社，2012.6（2023.3重印）
（伟人的青少年时代）

ISBN 978-7-5387-2756-2

Ⅰ.①恩… Ⅱ.①郑… Ⅲ.①恩格斯（1820~1895）—生平事迹—青少年读物 Ⅳ.①A722-49

中国版本图书馆CIP数据核字（2012）第095571号

出 品 人 陈 琛
责任编辑 王 峰
排版制作 初昆阳

恩格斯
郑春兴 主编

出版发行 / 时代文艺出版社
地址 / 长春市福祉大路5788号 龙腾国际大厦A座15层 （130118）
总编办 / 0431-81629751 发行部 / 0431-81629758
官方微博 / weibo.com/tlapress
印刷 / 永清县晔盛亚胶印有限公司
开本 / 700mm × 1000mm 1 / 16 字数 / 150千字 印张 / 10
版次 / 2009年6月第1版 印次 / 2023年3月第9次印刷 定价 / 39.80元

本书编委会

主　编：郑春兴

副主编：张耀军　朴景爱　辛宏志　杨　厦　张李昂
李赫男　王艳春　戚　新　孙伟国　张桂兰
于淑丽　于克敏　孙惠欣

编委会成员：（以姓氏笔画为序）
马　锋　刘　伟　李文太　杨开银　张春昊
杜　葳　李　颖　胡汉军　项　和　蒋玉容
韩国义

目 录 MULU

小故事迷

六岁的弗雷德在海边玩着贝壳。

海水一波一波地涌来，已经浸湿了他的双脚，可他并不在意。

突然，涛声雷鸣般地响起来，猛涨的海水冲上岸边把小弗雷德吞没了。

“诺亚方舟！快来救我呀！诺亚方舟！”

小弗雷德惊叫着，他从睡梦中醒来了。

他从床上坐起来，四下望了望，午后的阳光透过窗帘照进屋来，屋里并不很暗。

他抹了抹脸上的汗珠，跳下床走出自己的房间，喊了一声：“妈妈！”

闻声赶来的女佣告诉小弗雷德，他妈妈在客厅看书呢。

小弗雷德就跑来客厅，对沙发上的母亲说：

“妈妈，我刚才梦见大海了……”

母亲抬起头，说：

“我的儿子，您怎么不睡了？你睡的时间并不长啊！”小弗雷德来到沙发跟前，往上一蹦，坐到了母亲身边，说：

“我梦见海水把我淹没了，我喊诺亚方舟来救我，就惊醒了。妈妈，如果我真的遇到了危险，上帝能够救我吗？”

母亲点了点头，说：

“能的，上帝会拯救所有善良的好人。”

小弗雷德眨巴几下眼睛，又问：

“妈妈，诺亚方舟后来怎么样了？你还得接着给我讲啊！”

母亲抚摸着小弗雷德的头，说：

“我的儿子，现在是你午睡时间，你睡醒了，妈妈再接着给你讲，好吗？”

“不，我已经睡醒了！你看，我眼睛多大，一点也不困了！”

小弗雷德说着，故意把眼睛睁得大大地盯着母亲。他的样子把母亲逗笑了，说：

“好吧，你可以不去午睡了。不过，咱们现在不讲《圣经》上的故事了……”

“那讲什么呢？”

小弗雷德急着问了一句。

母亲晃了晃手里的书，说：

“这是歌德写的诗集，妈妈给你朗诵，你要好好听啊。诗歌能表达美好的思想感情，你长大就是经商，也应该理解诗的奥秘。”

说完，母亲便为小弗雷德朗诵起来：

太阳多明亮，对着我照耀！
大地多绚烂，原野在欢笑！
根根树枝上，繁花在怒放；
灌木树丛中，百鸟在歌唱！
个个心胸中，快乐又高兴。

哦，大地，太阳！
哦，幸福，欢欣！
哦，爱情，爱情！
美好如黄金！
你好似朝云浮游山峦间。

你庄严祝福
清新的原野，

花香扑鼻的这整个世界。
哦，姑娘，姑娘，
我对你情深，
你眼睛明媚，
爱我多真诚！

像云雀喜爱凌空高唱，
像朝花喜爱大地芬芳。
我爱你爱得热血要沸腾，
你带来欢乐、勇气和青春。
我高唱新歌，我婆娑起舞；
只要你爱我，就永远幸福！

听母亲朗诵完，小弗雷德笑着，拍着小手叫起来：

“真好听！真好听！妈妈，我还要听！”

可是，他突然发现母亲的目光离开了他；循着母亲的目光，他看见了站在门口的父亲。

父亲板着脸走进屋，把手里的皮包扔到茶几上，一边脱外衣，一边对母亲说：

“你应该给儿子多讲些《圣经》上的故事，而不是为他朗诵歌德的诗！在我看来，歌德是一个不信神，不信上帝，是一个在魔鬼提示下写诗的骗子！他的诗对我们的儿子有什么好处！”

说完，父亲在另一个沙发上重重坐下，接过女佣递给他的葡萄酒，一口喝了下去。

小弗雷德很惧怕父亲，在他的心目中父亲是极为严厉的，父亲的话是不可以违抗的。

这时母亲为自己辩解说：

“在儿子午睡之前，我还为他讲了诺亚方舟。我觉得，我们的儿子接触一些诗歌并没什么不好啊！”

未等父亲回答，母亲又说：

“这次的生意谈得不顺利吧？”

父亲的神色缓和了一些，说：

“非常顺利！”

他把小弗雷德叫到跟前，抱着坐到腿上，对儿子说：

“我的小弗雷德，快点长大吧，咱们家的事业还等着你接班呢！上帝把你送到了我们家，就是让我们家的事业一代比一代兴旺啊！”

小弗雷德见父亲不生气了，便问：

“爸爸，你说上帝真是万能的吗？”

父亲怔一下，说：

“当然，上帝无所不能。”

小弗雷德又说：

“那他为什么不让世上那些变坏的人全都变好，反而要发大水全部淹死？却留下诺亚和他的一家人呢？”

父亲脸色又难看了，说：

“你怎么会这样想？坏人就应该受到惩罚啊！上帝淹死他们，是要让大地更纯洁。”

小弗雷德却说：

“上帝能造人，却不能防止人变坏，这也不能算万能啊……”

母亲急忙打断小弗雷德的话，说：

“小孩子别什么都乱说！”

又对父亲说：

“他外祖父来信了，说想念小弗雷德了，希望我们带孩子去让他看看。”

父亲把小弗雷德放在地上，轻轻拍了拍儿子屁股，说：

“这小子竟然说上帝不是万能的！好吧，你带儿子去看看他外祖父吧，告诉父亲，我抽不出身，请他老人家谅解。”

话音未落，小弗雷德高兴地跳起来，说：

“太好了！我又可以听外祖父给我讲故事了！”

小弗雷德就是恩格斯。

给外祖父的诗

恩格斯也叫“弗里德里希”，“弗雷德”是父母对他的爱称，他也喜欢亲近的人这么叫他。

恩格斯的父亲也叫弗里德里希，是巴门市很有名的纺织工厂主，也是当地最大的资本家之一。

恩格斯家族的生意很大，不仅在巴门市有工厂，还与英国的欧门家族合资，在英国的曼彻斯特开设了一家纺织公司。

恩格斯的父亲老恩格斯是个坚强而能干的人，性情严厉并有些自负。他有着典型的日耳曼人的仪表，他的蓝眼睛和连鬓胡子都遗传给了他儿子。

老恩格斯信奉基督教，也要求家里人无条件地相信圣经。

作为大资本家大工厂主的老恩格斯喜欢商业旅行，在游山玩水的同时谈成一笔笔生意。

所以，老恩格斯不太顾家，子女的教育主要是由恩格斯的母亲操劳。

恩格斯的母亲叫毛里齐娅，出生在荷兰一位中学校长家里。她热情、温柔而善良，有很高的文学和音乐素养。

恩格斯是家中的长子，在他之后，母亲又生了三个弟弟和四个妹妹。

恩格斯出生的时间是1820年11月28日。他出生后，老恩格斯在《爱北斐特日报》上刊登了一则通告，向人们昭示：弗里德里希·恩格斯老板

巴门市布鲁赫街8号，恩格斯诞生地。

有了财产继承人。

恩格斯出生在普鲁士莱茵省巴门市。

巴门市位于莱茵河支流乌培河谷地，四周群山环绕，谷地平川处是大片的葡萄园和草地。巴门市和爱北斐特都是普鲁士著名的纺织中心。

老恩格斯希望长子长大后能子承父业，可恩格斯的选择却与他的希望背道而驰。

恩格斯后来对家族的背叛，在很大程度上取决于外祖父的启蒙教育。

恩格斯的外祖父叫范·哈尔，是一所中学的校长，也是一位出色的语言学家。

这个慈祥而博学的老人非常喜欢他的小外孙，不仅辅导外孙的功课，还讲述许多优美动听的故事。

这些故事有希腊神话故事，也有圣经故事和罗马神话故事等等，在小外孙面前展现出一个又一个神奇美好的古老世界。

每当看见小外孙明亮的双眸中闪烁着好奇和求知的渴望时，老校长都会感到十分快慰。

儿童时代的恩格斯有很长时间是在外祖父家度过的。

他也十分乐意和外祖父在一起，这样他不仅不用面对严厉的父亲，而且还可以听到好听的故事。

他从外祖父这里听到的故事可太多了，外祖父还给他朗诵诗篇，讲述一些哲学常识。

他有什么不明白的问题还常常向外祖父请教，外祖父博古通今，有问必答。

有一次，恩格斯问外祖父，说：

“上帝真的在天上吧？可人们为什么去书里寻找他呢？”

外祖父笑了，说：

“上帝不在天上，也不在书里。”

恩格斯怔住了，又问：

“那么他在哪里呢？”

外祖父用手指点了下恩格斯的额头，说：

“就在你的头脑里呀！上帝不是虚无缥缈的神灵，而是一个伟大的理性先生！”

恩格斯摸着自己的脑门，自言自语说：

“怎么会在这里呢？哦，你是想让我自己动脑筋去寻找啊！”

外祖父又笑了，说：

“对，一切都要靠自己的脑袋去思考！不要盲目地相信没经过自己

恩格斯家族族徽

思考的东西，这样就会避免被外表的假象所迷惑了。”

恩格斯很崇拜外祖父，也对外祖父充满了亲情与敬意，在他十三岁时，还为外祖父写了一首诗：

我亲爱的外祖父，
你总给我指点帮助；
你给我讲过多少动听的故事，
我已经深深地记在心中。
从克尔基昂、提秀斯到百眼哨兵阿尔古斯；
从明诺托尔、阿莉阿德尼和投海而死的爱琴，
从金羊毛、约逊到亚尔古船英雄，
你讲过强悍的海格力斯，
以及同他一道的但纳士和卡德摩斯，
还有好多啊好多！
外祖父，我祝你幸福，
我祝你永远长寿、愉快、无忧无虑，
愿你吉祥如意，万事亨通——
这是你的外孙衷心的祝愿。

与外祖父在一起，恩格斯总觉得时光太短暂。不知不觉，他告别了孩提时代，不能常去外祖父家了，因为他到了上中学的年龄。

顶撞老师

恩格斯13岁时已是巴门市理科中学二年级学生了。这所学校和他的家一样，对上帝的虔诚精神占据着统治地位，掌管学校的是一批不学无术，盲目维护圣经教义的人。这样就使深受外祖父启蒙的恩格斯显得格格不入。

有一次，当一位老师讲到上帝有多么仁慈的时候，恩格斯举起了手。

“小恩格斯同学，你想说什么？”

由于他父亲在当地的名望，老师们对他十分客气，都叫他“小恩格斯”。

恩格斯站起来，说：

“老师，您说上帝是仁慈的，可我想问一句，他的仁慈为什么不能让我们看到呢？”

老师想了想，说：

“你指的是什么？上帝的仁慈无处不在……”

恩格斯说：

“可是我看见那些贫苦的人每天都在劳动，可还是吃不饱穿不暖；而那些富人每天并不劳动，游游逛逛，却吃得好穿得好，而上帝却不同情贫苦的人，这能说他是仁慈的吗？”

老师听到这里，脸拉得老长，有些生气地说：

“作为老恩格斯先生的儿子，你能说出这样的话，让我感到很吃惊！你父亲难道没教会你怎样虔诚地信仰上帝吗？”

恩格斯说：

“我信仰上帝，不然我在家里就可能吃不到饭。但这不等于我对上帝就没有疑问。”

老师冷笑两声，说：

“好吧，我会把你的情况告诉你父亲的，你的疑问也许你父亲会为你解答。”

恩格斯不吭声了，他感到有点不妙：但愿老师只是吓唬他一下。

没想到这天晚上，老师真的来到了恩格斯家里。

老师在客厅见到了老恩格斯，说：

“尊敬的恩格斯先生，请允许我来打扰您，关于您儿子在学校的表现，我想来向您汇报一下。”

恩格斯的父亲老弗里德里希·恩格斯，母亲伊丽莎白（爱利莎）·弗兰契斯卡·恩格斯。

老恩格斯热情地让老师落座，并亲手倒了杯葡萄酒递给老师，说：

“很好，我一直关注我儿子在学校的情况，作为父亲，我由于忙对他关注得不够，您能经常来和我谈谈，这是很好的事情。”

老师抿了口葡萄酒，赔笑说：

“总的来说，小恩格斯同学表现得很好。他聪明好学，与同学们相处得也比较融洽，他物理、化学和法语这三门课程成绩突出，据教法语的教师希弗林博士讲，他在语言学方面有很高的天赋。另外，诗学概论他学得也比较好，他的诗作已经有很高的水平……”

《浮士德》插图

老恩格斯听得高兴了，端起自己的酒杯，说：

“来，喝一杯，这是上好的波尔多红葡萄酒，如果您喝得惯，走时我送您两瓶。”

老师急忙把杯中酒一饮而尽，又说：

“那可太谢谢您了，尊敬的恩格斯先生，这酒我们过圣诞节时也喝不到，您的慷慨让我觉得有些受宠若惊。”

老恩格斯也喝下一杯，说：

“噢，这没什么，我一直对教师高看一眼。在听了我儿子那么多好话之后，我想知道他还有什么不足，因为我不相信他是个完美的孩子。”

老师又赔笑脸，说：

“尊敬的恩格斯先生，您对我的热情接待，以及您在我们心目中的声望，使我不能对你说假话，因为我们都是这样虔诚地笃信上帝，看在上帝的分上，我想说您儿子对上帝的信仰似乎没有您虔诚……”

见老恩格斯没什么反应，他又接着说：

“我觉得对于上帝和浮士德，您儿子更热衷谈论后者。他甚至可以大段地背诵《浮士德》中的诗句……”

“哼！”

老恩格斯用鼻子哼了一声，脸色变得难看了，说：

“你不要再说了，我也希望这样的话你不会再对别人说。你也可以把我的话当作对你的要求或者请求，因为任何父亲都不愿意听见别人说他儿子的坏话，更何况这坏话不是真实的。好了，你可以走了，如果你认为你的沉默应该有条件，那么你借去的20塔勒我就不要了。”

老师只得起身告辞，说：

“尊敬的恩格斯先生，我知道我犯了一个错误，但我完全是出于对您的敬意和好心。每一个父亲都不应该忽略对他子女的教育，一旦等他发现子女需要教育的时候，恐怕已经来不及了。”

说完，老师就头也不回地走了。

老恩格斯没有送老师，他坐在那儿一动也没动。他喝下一杯葡萄酒，品味着老师的话慢慢地点了点头。

然后，他让女佣去儿子房间把儿子给他叫来。

恩格斯并不知道老师已经来过，他来到父亲面前，见父亲阴沉着脸，心里就有点发毛。

父亲看了儿子一眼，问：

“你今年多大了？”

恩格斯回答：

“十三岁了。”

父亲又问：

“这十三年来，我对你说得最多的是什么？”

恩格斯想了一下，回答：

“上帝。”

父亲声音变得严厉了：

“可你对上帝的信仰并不虔诚！”

恩格斯几乎是脱口而出：

“我不知道怎样才算虔诚……”

父亲愤怒了，大声地说：

“跪下！你这个逆子！看来那位教师并没有说错，你已经变得越来越可怕了！你不认真学圣经教义，却对浮士德感兴趣，你这是受到了魔鬼般的歌德的引诱，你会误入歧途的！”

恩格斯知道一定是老师来告过他的状了，也不敢再分辩，只得跪在那时听父亲大声训斥。

被迫辍学

1834年秋天，十四岁的恩格斯被父亲送到了普鲁士一所公认最好的中学——爱北斐特中学上学。

爱北斐特中学的校长汉契克博士是老恩格斯的好友，他让恩格斯寄宿在他的家里。

与巴门中学相比，爱北斐特中学宗教色彩很淡。学校的教学内容丰富，一般每周要有34—36节课，其中8—9学时为数学、物理、地理等自然科学，其他为德语、希腊语、拉丁语、宗教、历史、绘画等人文学科课程，高年级还要讲授哲学导论。

恩格斯才智过人，学习又肯用功，很快就能准确地掌握所学知识，为此受到老师们的另眼相看。

他非凡的语言学才能和基础，使他很快学会了拉丁文、法文和希腊文，能够顺利地阅读古罗马一些史学家的著作，诵读著名的《荷马史诗》，以及法国一些启蒙思想家的作品。

在这所中学，恩格斯最尊敬和钦佩的除了校长汉契克博士，就是教历史课的克劳森博士了。

在恩格斯眼里，克劳森博士学识渊博，精通历史和文学，他讲课非常吸引人，是唯一善于使学生对诗产生兴趣的人。

由于喜欢听克劳森博士的课，恩格斯学历史特别卖力。

他甚至把一些文物古迹画在历史和作业本上，有尼罗河畔的金字塔和狮身人面像；迦太基和耶路撒冷的风景；巴比伦王国的武士等等。

恩格斯学历史主要是根据原著进行研究，他研究完之后，常常能挑出教科书上的毛病。

对他这种独立思考问题的精神，克劳森博士大加赞赏，甚至对同行们说：

“小恩格斯应该是我们的骄傲，他那不可遏止的独立思考问题的能力是我从未见过的。我可以完全有把握地说，在他肩膀上长的是自己的脑袋！”

恩格斯在课余时间还广泛阅读了各种文学作品、历史典籍和科学书籍。

他十分赞赏德国文学作品中的齐格弗里特、瑞士民间故事中的神射手退尔以及歌德笔下的浮士德。他认为这三位英雄人物是德意志人民反对专制暴政、追求光明与自由、勇敢无畏斗争的化身。

这三位英雄人物在恩格斯的心中引起了强烈共鸣，他决心像他们那样追求崇高的热爱自由的理想，并为实现这些理想而奋斗。

为此，1836年，恩格斯写了这样一首诗：

有许多美丽的形象，
在远方把我召唤；

犹如点点繁星透过云雾，
给我送来希望的灯盏。
他们越来越近——
我已经认出来了：
这是神射手退尔，拿着弓箭；
那是齐格弗里特，降服过巨龙；
还有执拗的浮士德也来了；
阿基里斯当先锋；
光荣的布尔昂和歌特弗里德，
号召骑士们战斗要英勇。
看，请不要见笑啊，
还有这位英雄堂·吉诃德，
骑着一匹骏马，到处厮杀。
这支队伍来了，又消失了，
只留下一片闪闪的金光，
啊，怎么才能把他们挽留？
又有谁能把他们追上？
诗一般的梦幻还会再现，
当你再次看见他们；
欢乐充满心田。

然而，恩格斯怎么也没想到，这首诗竟然被他父亲看到了。

从这首诗中，老恩格斯看到了儿子思想的变化，更让他头疼的是儿子的思想正向自由主义方向转变。

他难以容忍了。于是他便对妻子发脾气说：

“你一直充当你儿子的辩护人，你看看他写的这首诗吧，他在宣泄自己的不满和对自由的渴望！”

在妻子看诗时，他又嚷起来：

“你的好儿子表面上文质彬彬，好像很有教养，可他从来也没学会无条件服从！即使他害怕惩罚，可我以前对他的严厉训斥全都白费了！”

喝下一杯葡萄酒，生气地把酒杯摔碎在地上，吼道：

“更让我懊恼的是，今天我还发现他书桌上有一本从图书馆租来的坏书——一本关于13世纪的骑士小说！而他竟然把这类书籍摆在那里满不在乎，好像他应该读这类书似的！我的上帝啊，他已经堕落到多么可怕的程度，这怎么能不让人痛心！”

妻子看完诗，叹了口气，说：

“是啊，我也为这个总的来说还很不错的孩子感到担心了。可怎么办呢？他现在已经不是小孩子了，他……”

老恩格斯一挥手，打断妻子的话，说：

“实在不行就让他辍学！”

妻子一惊，说：

“这怎么可能，你不是希望弗雷德能进大学专门学习经济学吗？”

老恩格斯夹起自己的皮包，冷冷地说：

“我改变主意了，我要把他的翅膀折断！”

说完，头也不回地走了。

父母的这次争吵，恩格斯并不知道。

母亲也没有写信告诉恩格斯，她认为丈夫说的不过是气话，决不会真正让儿子辍学。

1837年夏天，老恩格斯又在巴门新开了公司，也不知是生意上的需要，还是管儿子的需要，反正公司刚开张不久，他就来到爱北斐特中学强令儿子辍学经商。

在汉契克博士的校长室，老恩格斯说出了自己深思熟虑的决定：

“老朋友，我这次来的目的，你会感到意外：我是来接弗雷德的，我想让他辍学经商，因为我刚刚又开了一家新公司，为了他以后能够在商界闯出名堂，他应该早些接触家族的生意……”

汉契克忍不住打断老恩格斯的话，说：

“我的老朋友，你知道你在说什么吗？或者说，你了解你的儿子有多么出色吗？他非凡的才智已经得到全校的所有教师的承认，他的前途不可限量！可你却要在这时候折断他高飞的翅膀，把他关进你为他编织的商业的囚笼里，你这是对他的毁灭！”

老恩格斯轻叹了一口气，说：

“正因为我太了解他了，我才做出这个决定。他现在辍学经商，我还可以把他驯服，让他成为我的儿子，我事业的继承人；可他如果继续深造下去，我恐怕就控制不住他了，他以后可能就不是我的儿子了，甚至会变成我的敌人！

“我的好朋友，我尊敬的博士先生，你知道我不是个乱作决定的人，可我的决定从来都不会改变！”

汉契克耸了下肩膀，说：

“我只能深表惋惜：你扼杀了一只本来可以搏击长空的雄鹰！”

但他还是让人把恩格斯叫到了校长室。

恩格斯见父亲来了，很高兴。因为每次父亲来看他都给他扔可观的零花钱，他把花不完的零花钱常常施舍给遇到的贫苦的工人，或者接济那些家境困难的同学。为此，他的同学、也是他好朋友格雷培给他起绰号叫“小慈善家”。

汉契克带着无奈的苦笑，对恩格斯说：

“弗雷德，你父亲决定让你辍学经商，今天就要接你离校。我没能说服他改变主意。”

恩格斯大吃一惊，把询问的目光投向父亲，却没吭声。

老恩格斯板着脸，说：

“是的，我们家新开了一家公司，为了新公司的兴盛，我们每个人都应该做出牺牲！你母亲也同意我的决定，所以，你必须服从！”

恩格斯知道父亲的决定是无法改变的，再说什么都没有用。

他强忍着泪水，转对汉契克博士说：

“校长，既然我不能读到中学毕业，就请给我发一张肄业证书吧。”

汉契克点头说：“好，我现在就给你签发。”

怀揣着肄业证书，手拎着装满书籍的提包，恩格斯依依不舍地跟随父亲离开了爱北斐特中学——没有人送别恩格斯，只因只有校长一人知道他辍学了。

走出学校大门，恩格斯才流下大滴大滴的泪水。

他辍学时间是1837年9月25日，离毕业还有九个月。

他的肄业证书上写着这样的评语：

该生在高年级学习期间操行优异，特别是他的谦虚、真诚和热情引起了教师们的重视；该生不仅资质很高，而且表现出了一种力求扩大自己科学知识的值得赞许的愿望，因此取得了可喜的进步……

“不务正业”的实习生

虽然恩格斯被父亲硬塞进自己家的公司，可他对经商一点兴趣也没有。

他初进公司没有具体职务，父亲在时就跟在父亲身边，对公司和家族的商务进行熟悉和了解，父亲不在时，他就一个人闲逛。

他并不关注公司如何赚钱，却对社会问题十分留心。

他很同情那些工人们，他们几乎没住的地方，干草棚、马厩、楼梯下都成了他们的栖身之所。白天他们要拼命地工作，吸进去的煤烟和灰尘比氧气还要多。夜晚他们用低劣的烧酒把自己麻醉，直到次日清晨继续工作，日复一日，年复一年，在贫困和死亡线上挣扎。

而这些人与那些失业的工人比还算不错的了。那些失业工人或伤或残，流落街头，忍冻挨饿，境况极为悲惨。

更让恩格斯感到气愤不平的是，一些工厂主竟大量使用廉价的童工，这不仅造成失业工人增多，而且对童工的身心造成摧残。

就这样，恩格斯一方面关注着社会；一方面仍然坚持学习，不知不觉一年过去了。

一年之后，恩格斯接受父亲的安排来到了不来梅当实习生。

不来梅是普鲁士四大自由城市之一，也是一个几乎同世界各地进行贸易的国际大商港。虽然这里也流行虔诚主义宗教，但比乌培河谷要开明得多。在这里，政治上和哲学上的自由主义思想可以通过报刊和书籍得到广泛传播。

恩格斯家在恩格耳斯基尔享的工厂和宿舍

恩格斯工作的地方是个商务营业所，老板叫洛伊波德，是老恩格斯的合伙人。

洛伊波德老板是一个出口商，又是萨克森王国派驻不来梅的领事。他对恩格斯很关心，决心不辜负好友所托，把恩格斯培养成出色的商业人才。

所以，他对这个实习生安排的工作并不轻松：抄写商务票据，收发信函，去海关装卸货箱，兼办检查库存。

尽管工作繁忙，恩格斯仍然挤时间进行学习。在不来梅，恩格斯眼界大开，他有更多的机会阅读外国报刊文学作品和政治著作。

1839年3月，恩格斯受到反政府运动中两位杰出人物——作家海涅和政治家白尔尼的影响，在《德意志电讯》杂志上发表了两篇总标题为《乌培河谷来信》的文章，开始对宗教蒙昧主义进行公开的批判。

这篇文章是他观察并思索乌培河谷工人境况的结果，可贵的是，他揭示了虔诚主义的生活方式和社会贫困之间的密切关系，强烈谴责了虔诚主义的正统教派的本质。指出工人贫困的原因在于虔诚派工厂主。

《乌培河谷来信》是恩格斯的第一篇政论性文章，也是他第一次向传统宗教神学提出挑战。

这篇文章一发表，立即在爱北斐特和巴门引起轰动，在乌培河谷资产阶级和宗教卫道士圈子里更是激起轩然大波。

《爱北斐特日报》主编亲自出马，写文章指责《乌培河谷来信》歪曲事实。

恩格斯立即写信予以还击，责问该主编，要对方指出文章中哪一点不符合事实。并说自己在乌培河谷度过的时间比对方要长得多，而且具有十分便利条件就近观察各阶层的生活。

为此，那些凡夫俗子们开始猜测，这个署名“奥斯渥特”的人到底是谁呢？

当然，谁都不会想到，这篇文章的作者竟会是巴门赫赫有名的笃信宗教的老恩格斯的儿子。

黑格尔

写完这篇文章，上帝在恩格斯心目中的地位已经动摇，使他陷入了宗教信仰与无神论苦闷的彷徨里。

就在这时，他看到了施特劳斯出版的《耶稣传》，顿觉眼前一亮，好像找到了一盏引路的明灯。

施特劳斯是青年黑格尔派，他写《耶稣传》是力图从黑格尔的哲学中得出无神论的结论。

黑格尔认为，宗教是“绝对精神”发展到“人类精神”的某一阶段的产物。

据此，施特劳斯断言，《圣经》

起源于神话传说，耶稣并不是神，而是一个平凡的人，而福音书也不是神灵的产物，而只是一部神话。

这样，施特劳斯通过对基督教起源的研究，巧妙地撕去了耶稣是“上帝之子”那件神圣的外衣，排除了《圣经》神圣起源的可能性，推翻了《圣经》是“上帝的启示”这一传统说法。《耶稣传》动摇了恩格斯对《圣经》神圣性质的概念，他痛苦思索的问题终于有了圆满的答案，也使“上帝”这个神圣的偶像在他头脑中终于被推倒了。

读完《耶稣传》，恩格斯还认识到，宗教和科学是对立的，宗教的反动实质在于它的反科学、反理性，它要把科学变成自己的奴婢。

恩格斯在研究《耶稣传》时，了解到了黑格尔的哲学思想体系。

为了彻底弄懂黑格尔哲学，他一连几个星期日夜钻研黑格尔深奥难懂的哲学。他完全被黑格尔哲学博大精深的体系和辨证法吸引住了，为此，他反复阅读了黑格尔的《历史哲学》。

恩格斯在给好朋友格雷培的信中写道：

> 我正处于要成为黑格尔主义者的时刻。我能否成为黑格尔主义者，当然还不知道，但施特劳斯帮助我了解黑格尔的思想，因而这对我来说是完全可信的。何况黑格尔的历史哲学本来就写出了我的心里话。

在给格雷培的另一封信中，他又说：

> 由于施特劳斯，我现在走上了通向黑格尔主义的阳关大道。我当然不会成为像欣里克斯等人那样顽固的黑格尔主义者，但是我应当汲取这个博大精深体系中最重要的要素。

黑格尔的哲学思想，特别是辩证法思想，使恩格斯深受鼓舞，从此，他把自己的业余时间全部用来研究内容丰富的哲学。

在他看来，哲学是一切科学的灵魂。他致力研究的还是康德、费希特的思想。在研究过程中，熟悉了苏格拉底、柏拉图和斯宾诺莎的哲学思想。

恩格斯崇拜黑格尔哲学，并不是机械地接受黑格尔的理论。当时他已经有很高的分析能力和批判能力了。他主要接受的是黑格尔的辨证法思想，而并不是完全受其哲学体系约束。

1840年2月，恩格斯在《德意志电讯》上发表了一篇题为《时代的倒退征兆》的文章，该文就是运用黑格尔哲学的辩证法思想，向黑格尔哲学体系的错误观点提出挑战。由此可见，恩格斯已经在一定程度上克服了黑格尔哲学的不彻底性。

而这个时候，他不过是个二十岁的青年。

恩格斯注定不会成为一个根深蒂固的黑格尔派，因为无论是黑格尔的学说，还是青年黑格尔派的学说，基本上局限于哲学问题和宗教问题，远远脱离了生活，脱离了实践特别是脱离了政治。

在恩格斯看来，“争取自由和权利的伟大战士”白尔尼的思想正是弥补了这一缺陷。他认为，应该把黑格尔深刻的哲学理论同白尔尼大胆的政治实践结合起来。

这一时期，恩格斯边研究哲学，边进行写作，他的一篇篇政论文章、诗歌、通讯、书简、民间故事、神话传说，就像掷向反动营垒的标枪。两年多，他共发表了三十多篇作品。

他希望通过这些富有战斗精神的文学作品，把处于昏睡状态的人们唤醒，去从事争取人类自由和平等的斗争。

由于恩格斯激进的革命民主主义政治观点，使他与好朋友格雷培的关系出现了裂痕。

格雷培在信中责备他走上了一条危险的道路，并试图开导他，让他回头。

恩格斯却对格雷培进行了驳斥和嘲笑：

我的政治信念不是你这个政治上的瞌睡虫所能指责的。如果不去扰乱你在乡村公馆的安宁——更高的目标你是不会有的——并且让你能晚上与牧师太太以及牧师的一些年轻儿子安逸地溜达一阵，免得遭到任何非难，那么你将会沉溺于安乐而不再想到胆敢非议现存制度的坏蛋恩格斯了。嘿，你们真是英雄好汉！

1841年4月初，恩格斯商业实习期满。

在不来梅的两年多，是恩格斯一生发展中的一个重要阶段，这一时期他抛弃了乌培河谷时代的信仰，接受了黑格尔的辩证法思想，从一个朦胧的追求自由与进步的青年，成长为一个为人类自由和平等而奋斗的革命民主主义者。

老恩格斯的如意算盘打空了：他怎么能想到儿子竟然如此“不务正业”。

军人·旁听生

恩格斯在不来梅的实习期满后，就回到了故乡巴门市。正如他猜测的那样，一到家父亲就告诉他，不来梅的那个叫洛伊波德的老板在给父亲的信中说了他的情况，总的来说父亲对他这个实习生还算满意，提出在公司给他安排个重要职务。

恩格斯却说出了自己的决定：

“我想今年就去服兵役。”

老恩格斯一听，立即拉长了脸，说：

“你很向往军人的生活吗？你应该知道只要花一笔钱，兵役是可以免服的。把一年宝贵的时间用在做生意上不好吗？”

恩格斯早想好了怎么回答，说：

“我想去柏林见见世面，也许这对我以后经商会有帮助。”

他知道，他服兵役只是当一年的志愿兵，可以自由选择服兵役的地点。

他想去普鲁士的首都柏林，全面考察一下普鲁士的政治、文化生活。

他当然不想屈从于父命，当一个工厂主，而是决定坚持自己的政治思想，继续从事并献身于争取自由与进步的事业。

老恩格斯哪会想到儿子与他“藏心眼儿”，听儿子说是为了经商而见世面，就点头说：

“好吧，我正打算把生意做到柏林去，你先对那里熟悉一下也好。”

征兵还得等到9月才开始，这段时间怎么消遣呢？

恩格斯当然不能写他想写的文章，也不能看他想看的书，怕万一让父亲发现他就是那个“奥斯渥特”。

于是，他就继续努力学习新的语言，特别是意大利语、西班牙语和葡萄牙语。学习语言即便父亲知道，也说不出什么。

学习之余，他还花一些时间在业余爱好上。他业余爱好很广泛；音乐、舞蹈、绘画、击剑、游泳、骑马等。

可他仍然感到苦闷，便于夏天到意大利去旅行了一次。

19岁的恩格斯

旅行回来，征兵已经开始了。

恩格斯选择了当炮兵。

在普鲁士，人们把炮兵当作资产阶级的兵种，而他所在的第12近卫炮兵连更是一支以特别可靠和忠于国王而著称的军队。

兵营的生活是很严格的，崇尚军国主义的普鲁士军队尤其严格。

恩格斯白天要随新兵连在广场操练队列，或者跪在沙滩上练习射击，到夜间有时还要进行急行军训练。

最让恩格斯头疼的是每隔四个星期要到教堂去一次。他这个已抛弃上帝的士兵对此毫无兴趣，所以只去一次，以后再去教堂的时候就设法溜掉。

服役六周后，恩格斯在离兵营不远的多罗特恩大街56号楼二楼租了一个房间。

根据普鲁士军事条例，服一年兵役的志愿兵可以找一个私人住处。

恩格斯在外面租房，一是他讨厌士兵的营房，更主要的是他需要一个安静的环境来充分利用业余时间。

租房之后，他就开始了去柏林大学旁听和自学——他可不愿意把全部时间和精力浪费在军营里。

柏林是欧洲的一个大城市，1841年时已有三十三万多人口。城内有许多反映了日耳曼民族发展历史的名胜古迹，而在恩格斯眼里，柏林最著名的地方就是柏林大学。

他认为，柏林大学的荣誉就在于，任何大学都没有像它那样屹立于当代的思想运动之中，并且像它那样使自己成为思想斗争的舞台。

说恩格斯在柏林大学是旁听，却不如说是“偷听”确切。因为他并没有旁听的权利。

按照柏林大学的规章，只有那些进入正规部队而在大学辍学的军人才允许去旁听，可恩格斯在服役前根本没有进过大学。

他“偷听”时，遇上公共课还好，可以随便找个座位，也不容易引起别人的注意，若是赶上私人授课就容易被认出来，因为私人授课人数有限，座位都是事先安排好了的。

1840年前后的柏林大学

有一次他去听吕凯特教授的私人讲座。他不仅来得早，还坐得挺显眼。吕凯特教授刚讲了几句，就看见了他。于是停止讲课，问他说：

“尊敬的军人，请问，你是否有校方发的听课证？”

恩格斯腾地站起身，向教授行个军礼，大声地回答：“报告教授，没有。但是，我在中学时就非常崇拜您，得知您开办了私人讲座，特意赶来听讲。教授先生，我相信您能够给我这个机会！”

吕凯特看着这个英气勃勃的军人，点头微笑，说：

“好吧，小伙子，你以后可以旁听我讲的任何课程！”

1841年11月的一天，恩格斯无意中听说柏林大学两大哲学家要进行论战，他顿时来了兴趣。一打听，这两大哲学家一个是马尔海奈凯，另一个是谢林。

他于是前去听了马尔海奈凯的讲课。马尔海奈凯在课堂上严正批驳了基督教哲学家谢林对黑格尔哲学的攻击，把谢林比作是和巨人搏斗的侏儒，或者像那位和风车搏斗的骑士。

然后，在11月15日，恩格斯又来听谢林讲课。教室里有四百人左右，他完全可以不用担心被认出来。

谢林已经六十六岁了，他是黑格尔在大学时的同窗好友。他一头白发，身体有些发胖，浅蓝色的眼睛极具威严。

谢林一登上讲台，就以哲学“权威”的架势，讲了一通半个世纪以来的德国哲学发展史；然后话锋一转，以轻蔑的口吻开始咒骂黑格尔、费尔巴哈和施特劳斯。特别攻击黑格尔一生一无所获，说黑格尔根本没有自己的体系，只不过是从他谢林的思想中收拾残羹剩饭以维持生存而已。

最后，他才转入正题，宣讲他天才发现“启示哲学”，说世界上万物以上帝为本源，最终以上帝为归宿，宗教高于科学，信仰高于理论……

恩格斯虽然听得心里直冒火，可还是耐着性子把谢林讲的内容记录下来了。

这天晚上，他回到自己租的房子，想着白天听的课，难以入睡。

他想到谢林对黑格尔的攻击，实际上是在攻击青年黑格尔派的所有进步力量。而谢林的“启示哲学”就是普鲁士王国的御用哲学，面对他的攻击，必须予以坚决的回击。

想到这里，他披衣而起，在烛光下开始奋笔疾书……

1841年12月中旬，《德意志电讯》杂志上发表了一篇名为《谢林论黑格尔》的文章。

1842年初，又有《谢林的启示》和《谢林——基督教哲学家或世俗智慧变为上帝智慧》两本批判谢林的小册子出版了。

这些都是恩格斯写的，依旧署名“奥斯渥特”。

这篇文章和两本小册子立即在普鲁士文化思想界引起极大震动。

保守的反动的御用报刊开始回击，并指责作者是试图在普鲁士煽动革命。

而一些有进步思想的报刊却对作者表示支持。

《德国年鉴》主编卢格甚至给恩格斯写信，尊称他为“哲学博士”。

国外的一些报刊也对作者赞赏不已，有的文章还称作者是当代“著名的哲学家”之一。

面对国内外的赞扬与喝彩，恩格斯表现得十分谦虚。他在给卢格的信中说：

> 我决不是博士，而且永远也不可能成为博士，我只是一个商人和普鲁士王国的一个炮兵，因此请您不要对我用“哲学博士”这样的称谓。

通过卢格的引荐，恩格斯进入了青年黑格尔派的一个小组——博士俱乐部，并结识了这时候该俱乐部的精神领袖鲍威尔。

在这个博士俱乐部的活动中，恩格斯以其坚定的革命信念，渊博的学识和雄辩的口才赢得了大家的信任。

再说谢林，他与马尔海奈凯的论战还未决出结果，却遭到“奥斯渥特”劈头盖脸地一顿狠批，自知德国的哲学已无他一席之地，便在一些反对者的呼声里，灰溜溜地离开了柏林。

恩格斯批判谢林获得成功，有一本书帮了他大忙。

这本书就是1841年春夏之交出版的费尔巴哈写的《论基督教的本质》。

恩格斯这样形容读完这本书时的感受："像从沉睡中醒来，压在我胸口的梦魇消失了，我揉了揉眼睛，惊奇地环顾四周，一切都变了。"

费尔巴哈的《论基督教的本质》一书既批判了宗教蒙昧主义，又批判了黑格尔的唯心主义，认为这两者同世界的真实本质是不相容的。

可以这样说，正是施特劳斯的《耶稣传》在恩格斯同宗教蒙昧主义进行斗争时，帮他冲破宗教迷信的束缚，促使他转向无神论，并引导他接受了黑格尔的唯心主义和辩证法。那么，也正是《论基督教的本质》在他与谢林的"启示哲学"论战时，帮助他摆脱了黑格尔的唯心主义，开始转向唯物主义。

在恩格斯转向唯物主义之后，他与那个从事"纯理论"的青年黑格尔派已经疏远了。

他要对普鲁士封建专制制度进行猛烈抨击，而不愿像其他人那样整天泡在酒吧里夸夸其谈。

于是，在1842年3月，就开始为《莱茵报》撰稿，把斗争的矛头指向了封建专制制度。

这时他发表文章仍然用"奥斯渥特。"但他从不隐瞒自己的无神论和革命民主主义信念。

当他在柏林的舅父家公开谈论自己的思想时，他没想到他的话会由舅父传给父亲。

老恩格斯得知儿子变得如此不安分，又生气又伤心。他摔了两个酒杯，大叫着：

"害群之马！逆子！他竟然反对祖辈的信仰！这是一件多么危险而又难堪的事啊！"

1842年10月，恩格斯服役期满。他依依不舍地离开柏林，返回故乡巴门。他当然不知道家里等待他的是什么。

痛苦的考察

恩格斯从柏林回到家这天，家里为他举行了接风宴会，住在巴门的亲朋好友都来了，还有一些知名的工厂主。席间，人们对英姿勃勃的恩格斯赞不绝口，夸他是恩格斯家族少有的美男子。

宴会之后是舞会，恩格斯兴致很高，正跳得高兴，女佣来告诉他，老恩格斯让他去书房。

恩格斯离开跳舞的大厅，来到父亲的书房，见父亲独自一人在抽雪茄。

烛光映着父亲因喝了酒而变得通红的脸，还呼哧呼哧地喷着酒气和怒气。

见父亲生气的样子，恩格斯没敢落座，问道：

“爸爸，您是生我的气吗？”

父亲瞪了他一眼，说：

“你舅父把你说的话都告诉我了……”

恩格斯心里“格登”一下，忙说：

“我不过是随便说说……”

父亲哼了一声，又说：

“你可以为自己辩解，但我不想听！我让你来，是想告诉你，我已经决定怎么安排你了。这是我深思熟虑的结果，决不会改变的。”

恩格斯镇静一下，说：

“我想我会服从您的安排，我从来没想改变过您的什么决定……”

“不！你只是表面对我服从！”

父亲提高了声音，好像要发怒了，又说：

“我现在对你还抱有希望，你也要为弟妹们做个好榜样！你如果再不把那些有害的思想抛弃，最终吃苦头的还是你自己！”

恩格斯没吭声。

他不想现在与父亲正面冲突。

父亲又说：

“我决定让你去英国的曼彻斯特，我早就想派一个可靠的人去监督那里的经营情况了。我已经与欧门兄弟打过招呼了，他们会妥善安排你的。”

他轻叹了口气，又说：

“你母亲说我太狠心，把你派到那么远的地方，可你早晚会明白我的良苦用心！我完全是为了你好！在那里你会摆脱掉迷住你心窍的有害思想，逐渐适应商界的一切，直到成为一个真正的出色的商人！”

恩格斯没有反对父亲的安排。

在不来梅当实习生期间，他曾经到英国旅行过一次，对英国很感兴趣，他知道在英国封建专制主义已退出历史舞台，资产阶级在政治上的地位已得到巩固。

他很想去英国，亲自考察资本主义社会的经济状况和社会状况，并接触正在兴起的工人运动。

1842年11月底从柏林回家还不到一个月的恩格斯便来到了英国的曼彻斯特。

曼彻斯特是英国当时的第二大城市，仅次于伦敦，是英国的纺织业中心。

恩格斯家族入股的“欧门——恩格斯棉纺厂”坐落在该城的城边，在当地也是个知名的大工厂。

恩格斯到工厂后，被安排到办事处工作，主要负责处理国际邮件，帮助收购原棉和出售各类品种的棉纱，监督库存等。

但作为老恩格斯老板的长子和业务代理人，他在人们的眼里当然也是当之无愧的老板。

至于他的那些工作，干与不干，全看他有没有兴趣。

恩格斯初到曼彻斯特，主要是应酬一些宴会和舞会，这些人巴结他当然是因为他家族的财富和与他父亲的交情。

他本来很厌烦与这些富人打交道，但为了家族的生意和荣誉，也只好耐着性子应酬——只要能避免的一律避免。

刚刚在各种应酬中抽出身，他就急于到工厂里视察。每到一处，都有监工陪着他。车间里机器轰鸣，飞舞着浓密的纤维屑，工人们在一刻不停地忙碌着。

一次，恩格斯看见一个女工挺着大肚子，就问监工说：

“那个女工好像怀孕了，她怎么还上班？”

监工回答：

“她怕失去工作，有的快生了还得干！把孩子生在机器旁的也不是没有！许多女工生完孩子三四天就回来上工！”

监工说得轻轻松松，可惊得恩格斯半天没说出话。

他决定更加深入地对工人状况进行考察。

这一天，他离开繁华的闹市区，来到了工人住宅区。他先来的地方是曼彻斯特旧城工人区，这里街道狭窄，房屋破旧，空气中充满腐烂的臭气。

他穿过旧城，来到新城，也叫爱尔兰城。发现这里更是一团糟，几乎看不到城市的特征。

街道没有铺砌，也没有污水沟，许多猪在街上散步，到处是粪便，一堆一堆垃圾随处可见。就在垃圾的包围中有些破破烂烂的小房子，在小房子里有些妇女和孩子不时进出，他们有的衣不蔽体，有的穿着破烂，如果不注意很难把他们与那些肮脏的猪分辨开。

恩格斯知道，多亏这时是冬季，如果是夏天，这里的气味会把人熏死，更别想在臭泥中落足。

快到傍晚时，天上突然下起雪来。纷纷扬扬的雪花落到恩格斯皮大衣的毛领上，他顿觉扑鼻的臭气味淡了一些。

他正想离开这个连最破村庄都不如的新城区，到工人最悲惨的居住区——小爱尔兰城去，便见一个老人推着一辆装满粪便的两轮车在前面停住了。

他走到跟前才看清，这是个小坡，下雪路滑，老人推一车粪便怎么也上不去了。

他急忙帮着老人把车子推到坡上，说：

“老人家，你还有多远，用不用我帮你再推一下？”

老人擦着脸上的汗，喘着粗气，说：

“拐个弯就到了。不过，这下坡我怕拉不住，好心的先生，您就再帮帮我吧。”

恩格斯帮着老人把一车粪便推到一个粪坑跟前。卸完粪，老人指着粪坑旁不远的一个小屋说：

“那就是我的家，先生，到家里避避雪吧。”

恩格斯也想和老人聊聊，就答应了。

进了老人的小屋，恩格斯见靠屋角的木板铺上还躺一个男人，盖着一条破棉絮，蓬头垢面。

老人随后跟进，说：

“您看，先生，连个坐的地方也没有……”

说着从一个木墩上拿下个盆子，用袖子擦了擦木墩，放到恩格斯跟前。

恩格斯坐到木墩上，说：

“老人家，你多大年纪了？”

老人回答说：

“七十一岁了。”

恩格斯又问：

“家里都有什么人啊？”

老人还没回答，木板铺上的男人却坐了起来，打量着恩格斯，问：

“你是谁？到我家干什么？”

老人忙告诉恩格斯说：

“他是我儿子，两年前在工厂里被机器绞下了一条腿，残废了，又得了病……唉！没有他，我早死了；我要是死了，他非饿死不可。”

又转对儿子说：

“这位好心的先生是我在路上遇到的，不是他帮忙，我这一车粪别想推回来。外面下雪了，他来避一避。”

那儿子眼睛里的敌意渐消，对恩格斯说：

“您怎么到这地方来了？不怕把您的皮鞋弄脏吗？看得出，您是个有钱的富人，富人竟然还有这么好心眼儿的，我真是第一次见到。”

恩格斯笑了笑，正要说话，忽然门被人推开了，裹着风雪闯进来一个人，手里拎着一个布袋子，说了一句：

“这雪真大呀！”

是个姑娘！梳着两根短发辫，脖子上缠着一条围巾，衣装素朴，红扑扑的脸庞上闪烁着一双又黑又亮的大眼睛，有二十左右岁的样子。

“是玛丽啊，这么大的雪你还往这儿跑。”

老人边说，边拍打着姑娘身上的雪花。

姑娘由于室内光线幽暗，可能没发现恩格斯，忙着把布袋里的面包和苹果、土豆取出来放到木板铺上，对老人说：

“雪大路滑，您就别出去拉粪了，这些食物先吃着，不够我再想办法。”

老人忙说：

“唉，可你也不宽裕啊！”

姑娘这时才发现恩格斯，脱口叫了一声：

“老板？”

老人一惊，问姑娘：

“你们认识？”

姑娘抿嘴一笑，对老人说：

“他是从普鲁士新来的老板，视察过工厂，我们见过他，他却不会认识我们。”

老人惶恐地说：

“他真是老板？可他还帮我推粪车来的，他一点也没老板的架子啊！你没认错吧？”

恩格斯对姑娘笑了笑，说：

“你叫玛丽？现在我们不是认识了吗？”

姑娘笑着说：

“我叫玛丽·白恩士。老板，您真的与众不同！”

恩格斯也笑了，问玛丽说：

“你和他们是什么关系啊？”

老人抢着说：

“以前我们住过邻居，现在她搬到别处去了，可她没忘了我们，经常来接济我们，她可是个心地善良的好姑娘啊！”

玛丽被老人夸得有些不好意思了，说：

“我该走了，在天黑之前，我还有些水果要卖呢。”

说着，看了恩格斯一眼，欲言又止，转身出了门去。

老人忽然叫起来：

“哎呀，她的布袋子怎么忘拿了！”

爱 情

下过大雪之后，一连几天，寒流袭击着曼彻斯特，天冷得让人受不了，人们外出时尽量把露在外面的皮肤都遮掩起来，以免被凛冽的寒风刺痛。

这天中午，恩格斯参加完一个宴会，在乘马车返回住所时，忽然想起了那个拉粪车的老人：这么冷的天，他们是怎样的饥寒交迫啊。

他决定再去看看那个老人和他残废的患病的儿子。

于是告诉车夫改道去工人居住区。

很快，马车来到了那个老人的家门外，恩格斯下了车，走进屋来，见那个木板铺上躺着那个老人，身上盖着那条破棉絮。

老人闭着眼睛在轻哼着。

室内没生火，几乎和外面一样的冷。

恩格斯到铺前凑近老人，轻声说：

“老人家，你还好吧？”

老人停止哼哼，睁开眼睛，认出是恩格斯，忙说：

“老板……”

挣扎着想坐起来，但却没成功。

恩格斯按住老人，说：

“您怎么了？病了吗？”

老人叹了口气，说：

“没啥大病……老板，多亏你上次来给我们留下的那些钱，不然，我儿子死，我连办理后事的钱也没有啊！”

恩格斯一惊，老人的儿子死了！

他摸了摸老人的额头，热得烫手，知道老人是病了，便说：

“我还是送您去医院吧，有病不治怎么行呢！”

然后，他叫进车夫，帮他把老人抬上马车，一直送往医院。

在医院，他为老人办理了住院手续，并叮嘱主治医生，不管花多少钱也要把老人的病治好。

第二天上午，恩格斯来到了办事处，他想打个转，就去医院看望那个老人。

等他离开办事处，正想坐上马车时，忽听见有人叫他，扭头一看，见一个姑娘轻盈地飘到跟前。

“老板，我想找你打听一下，你知道巴科老人的下落吗？噢，就是拉粪车的那个老人！”

恩格斯这时也认出，这个姑娘正是玛丽·白恩士。就笑了笑，说：

“你为什么要来问我呢？”

玛丽说：

“因为我去过他家，邻居说让一辆漂亮的马车接走了，我猜可能就是老板您……”

恩格斯说：

“是的，是我绑架了他。想不想去看看我的人质？”

玛丽被恩格斯逗笑了，点了点头。

他们就坐进马车，来到了医院。

在病房里，玛丽见到了巴科老人。

巴科老人对玛丽说：

“听医生说，我再晚来三四天就没命了。上帝保佑，让我遇上了天底下最好心的老板。”

根据老人的病情，还得住一段时间。老人一贫如洗，费用当然得恩格斯掏腰包。

离开医院，玛丽要去工厂上班，恩格斯便用马车送她去工厂。

在马车里，玛丽再忍不住，或者是她不想忍了，默默地流下泪来。

“你怎么了？”

恩格斯有些莫名其妙了。

玛丽轻轻擦了擦泪，说：

“我是感动的，你对巴科老人太好了，是你救了他。老板，你为什么要去工人居住区？这真是上帝的旨意吗？”

恩格斯笑了笑，说：

“我想多了解一些工人们的疾苦，上帝没让我去，按上帝的旨意我应该坐在温暖的漂亮的房里喝酒或者欣赏音乐……”

玛丽定定地瞧着恩格斯，又说：

“你去过‘共产主义大厅’吗？”

恩格斯说：

“是欧文主义者创办的那个吗？”

恩格斯早就知道那个“共产主义大厅”，一些工人经常在那里聚会和演讲，或者辨论政治、社会和宗教问题。

欧文是英国空想社会主义的杰出代表人物，他和他的支持者建立了许多宣传团体和慈善机构，“共产主义大厅”就是其中之一。他们试图通过宣传和示范来实现社会主义。

玛丽回答：

“对呀！就是那里。”

恩格斯说：

“我去过，可是他们不让我进去，也许看我是工人阶级的对立面吧。”

玛丽说：

“如果你想去，我可以领你去，我就说你是我们的朋友。当然衣服得换一下，不能让他们看出你是个贵族。”

恩格斯笑着说：

“那么，什么时间呢？”

玛丽告诉恩格斯说今晚上就有一场精彩的演讲，于是两个人约定晚上在“共产主义大厅”门口见面。

见面时，恩格斯外面穿上了一件旧大衣，但仍显得气宇轩昂。

玛丽也换上了一件新衣服，发辫也像精心地梳理过，红扑扑的脸上洋溢着青春的热情，一双美丽的大眼睛流露出几分羞涩，几分兴奋。

有玛丽的引领，恩格斯顺利进入大厅，他们在一个不显眼的地方坐下来。

演讲还没开始，工人们陆续进来，有人还和玛丽打着招呼。

玛丽对恩格斯说：

“今天演讲之后还有舞会呢，你能等到那时候吗？”

恩格斯笑了笑，说：

“好不容易来一次，我可不想那么快离开。”

玛丽也笑了，说：

“从今往后，你每天都可以来了。”

他们说话的时候，演讲开始了。演讲者是个中年人，穿着粗布夹克，一边讲，一边挥动着手里的小册子：

“……上帝就应当用事实来证明他的存在，否则，对于我们来说，有和没有上帝都是一样的。凡是不能用事实证明的东西，丝毫不会引起我们的兴趣……”

演讲开始了，可工人们还陆续地进来，人数很多，秩序也非常好，没有座位的人就悄悄地站在一旁，每个人都在注意倾听。

演讲之后，工人们用教会的调子唱新编的社会主义歌曲，歌声在整个大厅里回响，听得恩格斯热血沸腾。

接下来是舞会，一开始，玛丽就说：

“老板，我能请你跳个舞吗？”

恩格斯欣然答应了。

玛丽的舞跳得并不是十分好，可恩格斯觉得非常愉快。

曲终人散，恩格斯用马车送玛丽回家，马车刚到工人居住区，玛丽就让停车，她说她不想让别人知道她和一个贵族有交往。

恩格斯却笑了，说：

“是你怕别人说什么，还是你从心里不想？”

玛丽没吭声，显然她没想好怎么回答。

恩格斯又说：

“如果你有时间，我想请你陪我考察工人们的状况，那样，我就不至于经常被拒之门外了。”

玛丽美眸中亮光一闪，忙说：

“我当然愿意了！我知道，你是真正的对我们工人关心，好吧，就送我到家吧，管别人怎么说呢！反正我知道你是个大好人就行了。”

玛丽所说的“家”只是她的住处，和另外五个青年女工挤在一间房子里，而这房子也是她们合租的，集卧室、厨房、起居室于一体。屋子里不太脏却很乱，很拥挤，还弥漫着一种说不出的气味，扑入鼻端，让人感到恶心得直想吐。

对于玛丽突然领进恩格斯，室内的五个女工显得很慌乱。玛丽却落落大方，说：

“老板是来看看我们生活情况，他还要考察整个工人居住区，他是

热恋中的恩格斯与纺织女工玛丽·白恩士（绘画）

真心真意为咱们工人好。”恩格斯在屋里打个转，就出来了，对身后送他的玛丽说：

“明天你不用上班了，监工那儿我会打招呼的。明天上午我来接你。”

接下来的日子，恩格斯就由玛丽陪着对工人居住区进行细致考察。

他们几乎走遍了居住区的大街小巷，对部分家庭还进行了走访。

玛丽还向恩格斯介绍她耳闻目睹的工人们悲惨的遭遇，让恩格斯痛心疾首。

他们经常去共产主义大厅参加集会，有时还在那里和工人们一同进餐。渐渐的许多工人都熟悉了玛丽身旁这个气质不凡的年轻人，也有的工人认出这个年轻人就是小恩格斯老板。

这年圣诞节，恩格斯送给玛丽一样“礼物”——在近郊的海德路为玛丽租了一套宽敞明亮的房子。

圣诞节这天晚上，他们在这套漂亮的房子里吃着烛光晚餐，进行倾心长谈。

玛丽告诉恩格斯，她的老家在爱尔兰，还有一个结了婚的哥哥和一个比她小六岁的妹妹。

她为恩格斯讲述家乡美丽的岛国风光，讲述英国殖民者在岛上的暴行和爱尔兰人民的悲惨生活。

恩格斯告诉玛丽他的抱负和他的追求。

长谈着，两颗青春的心贴得越来越紧了。

还是恩格斯先说破了藏在两个人心中的小秘密：

“玛丽，让我们相爱吧，以便我们能更好地为无产阶级革命事业而工作。”

玛丽激动地握住了恩格斯的手，握得是这样紧。她使劲地点头，绽开了含泪的幸福的微笑。

爱情，多么美好的爱情啊！恩格斯带着爱情激发出来的冲天干劲，又开始了新的斗争。

第二次握手

1844年8月下旬，恩格斯离开曼彻斯特回国。

在他的行囊中装满了这两年的社会调查笔记和各种报刊、书籍以及大量搜集来的资料。

他打算回到家后，写一本关于英国工人阶级状况的书，向全世界全面介绍英国的工人阶级。

由于在临行前收到了马克思诚恳的邀请，恩格斯答应马克思回国时绕道法国，去拜访已迁居巴黎的马克思。

恩格斯对马克思已经十分熟悉了：

他在柏林服兵役时，加入了青年黑格尔派的组织——博士俱乐部，当时马克思也是这个组织的成员，刚离去不久。

他听到许多人跟他介绍过马克思，留下非常深刻的印象。

在他的诗里，曾这样描述过想象中的马克思：

他是特利尔凶猛的儿子，
他性情暴躁。
他既不是走也不是跑，
而是风驰电掣般地飞奔。
他那鹰隼般的目光如电，
大胆而无畏地闪烁。
他愤怒地伸出双手，

仿佛要把苍穹扯下尘埃。
这位不知疲倦的力士握紧拳头，
不停地冲击，宛如幽灵缠身！

恩格斯在服兵役期间读过马克思发表在《莱茵报》上的文章，对马克思的观点十分赞同，非常渴望与马克思面对面地交流。

服役期满，他在回巴门之前，曾专门去科伦拜访马克思，不巧的是当时马克思不在。

两年前，恩格斯在来曼彻斯特时，又去科伦拜访马克思，这次终得偿所愿。

马克思在《莱茵报》编辑部接待了恩格斯，而表现得却有些冷淡，并未深谈，只是表示很欣赏恩格斯的文章，并邀请恩格斯到英国后给《莱茵报》写一些关于英国的通讯稿。

恩格斯对马克思的冷淡挺不愉快，便匆匆告辞离开，踏上来英国的旅途。

在轮船上思来想去，终于想明白马克思冷淡他的原因：

马克思当时已经脱离了青年黑格尔派，并公开反对鲍威尔的理论，而他却一直与鲍威尔有书信联系，所以被马克思视为是鲍威尔等人的盟友，不是知己不与谈，马克思当然有理由冷淡他。

想通这一点，恩格斯并未嗔怪马克思，而是忠实地履行自己的诺言，到英国不久，就给《莱茵报》写了《英国对国内危机的看法》、《各个政党的立场》和《国内危机》等文章。

为了消除了马克思对他的误会，他还写信阐明自己的思想观点，表示已经与青年黑格尔派分道扬镳了。

马克思收到他的信后，对他研究和写作情况更加关注，在迁居巴黎后，特意写信向他的约稿，让他为《德法年鉴》写文章。

恩格斯很高兴受到马克思的赏识，便把《政治经济学批判大纲》和《英国状况、评托马斯·卡莱尔的〈过去和现在〉》两篇论文寄给马克思。

1844年8月底恩格斯途经巴黎，再次会见马克思，他们伟大的友谊从此开始（绘画）。

很快，恩格斯收到马克思寄来的热情洋溢的信，对他的《政治经济学批判大纲》大加赞赏。

《政治经济学批判大纲》是恩格斯根据新研究新思想写成的，他从唯物主义观点出发，把资本主义经济制度的各种主要现象作为一个基本的经济和政治事实的必然结论来论述，同资产阶级政治经济学进行了论战。

这篇论文，标志着恩格斯已经完成了由唯心主义向唯物主义，由革命民主主义向共产主义的转变。

而同一时期，马克思也完成了这一转变，两个人可以说达到了“志同道合”。

在这篇论文之后，两个人建立了密切的通讯联系。

1844年8月23日，恩格斯如约来到巴黎法兰西剧院广场的雷让斯咖啡馆。

他走进咖啡馆还没等看清楚室内情景，便见马克思大步迎上来，说：

“亲爱的弗里德里希，我和巴黎欢迎你的到来！”

随之，两只大手紧紧地握在了一起。

他们在桌旁坐下来后，恩格斯才有机会打量马克思。

马克思穿着一件打皱的旧西装，可见他是不修边幅的人。宽阔的额头，连鬓的大胡子，目光锐利而睿智，他的声音、动作乃至形象，就像他的文章一样显得那么有力，他的威严和气魄就像一只雄狮，在他面前谁想不低头也不行。

他们在咖啡馆并未深谈，寒暄之后，当得知恩格斯可以在巴黎多逗留几天时，马克思邀请恩格斯到他家去。

马克思的寓所在恩格斯看来就是陋室，到处堆满书籍、报刊和文稿，几乎连个坐的地方也没有。

马克思带着歉意地对恩格斯说：

“我夫人燕妮带孩子回老家特利尔了，我并不是一个善于做家务的人。你瞧，我连咖啡和冷啤酒都没了。”

恩格斯已经看出马克思生活的窘迫，就笑了，说：

“吃的喝的我来安排。我觉得你这陋室胜过世间最豪华的宫殿。”

就这样，恩格斯在马克思家里住下来。两个人经常促膝长谈，随着谈话的深 入，他们欣喜地发现，有许多观点竟然相同，在一些理论领域显现出的意见也完全一致。

有一天晚上，他们谈到了以鲍威尔为首的青年黑格尔派。

马克思顿时显出气愤的神色，说：

“他们已经日益堕落了，不但自己声明脱离政治，还对我们进行影射和攻击，这必将造成理论界的巨大的混乱。”

恩格斯说：

“我同意你的看法。他们对我们的攻击，所使用的都是黑格尔哲学中的糟粕，他们企图扼杀一切有生命的东西。我们应该写一篇文章予以回击！”

“不，要写一部著作！”

马克思提高了声音：

“对他们的批判要彻底！”

巴黎雷让斯咖啡馆，马克思和恩格斯曾在这里会晤。

两个人说干就干，当天夜里就开始研究，为写批判文章做准备。

恩格斯的思维一向清晰敏捷，在巴黎期间就写完了他应写的那一部分。

这时，他在巴黎已经逗留了十天，他应该返回老家巴门了。

临行马克思到火车站送别恩格斯，恩格斯答应马克思，一定尽快返回巴黎，继续他们的合作。

离开巴黎时，恩格斯心情非常愉快，庆幸自己终于找到了一位志同道合的真心的好战友，在以后的革命斗争中再不会感到孤单无助。

马克思和恩格斯首次合写的这本书原定名《对批判的批判所做的批判——驳鲍威尔及其伙伴》，后来，马克思扩大了写作计划，写成了大部头著作。

马克思把这一书名作为副标题，另加了一个正标题《神圣家族》。

这第二次握手，这愉快的合作，拉开了两位巨人四十年的伟大友谊的序幕。

组织集会

1844年9月上旬，恩格斯从巴黎回到了故乡巴门市。

一别两年，家乡发生了巨大的变化：

新的街区兴建起来了，大片的森林伐光了，工业取得了巨大进步，社会风气明显好转……

在恩格斯看来，这两年的变化比家乡最近二十年的变化还要大。

对于恩格斯的归来，全家非常高兴。

他这次回来有这样几个原因：

一是要参加妹妹玛丽亚与布兰克的订婚仪式；

二是母亲对他十分思念；

三是父亲认为他在英国晃荡两年，那些有害思想也该“晃荡”没了，应该回来承担重任，为家族的事业真正出力了。

为欢迎他归来，家里又举行了一次盛大的宴会和舞会。

可恩格斯的兴致却不高，甚至还不如服兵役回来的时候。

他感到的只是对这种压抑、保守，外表又富丽堂皇生活的厌倦。

他在宴会刚结束，就借口喝多酒了，回到自己房间，躺到床上。他懒得与那些庸人们跳舞和谈笑。

由于旅途劳累，加上又喝了酒，他一躺下就睡着了。

迷迷糊糊的，他觉得有人握住了他的手。

他醒来，见母亲坐在床边，握着他的手，正定定地端详着他。

见他醒来，母亲轻声说：

“在外面也不知道照顾自己，看你都瘦成啥样了。唉，是该成个家了。现在，已经有几家贵族上门求婚，你这次回来就都相看一下，总该有合适的。”

恩格斯坐起身，手仍然让母亲握着，说：

“妈妈，如果我告诉你，我已经结婚了，你会感到吃惊吗？”

母亲笑了笑，说：

“我会当你说笑话。”

恩格斯说：

“妈妈，我不想瞒您，你是最爱我的人，现在，又有一个女人爱我了，当你不在我身边的时候，也许她正陪伴我，照顾我，像你一样爱护着我，所以，妈妈，你不要对我太挂念，你要自己多保重啊。”

母亲正色道：

“告诉我实情吧，孩子，不管情况多么恶劣，妈也希望知道真实的情况。”

恩格斯说：

“我在曼彻斯特与一个纺织女工相爱了，并且去年秋天，我们住在一起了。我们没有举行正式婚礼，但我们已经是夫妻了，我们要相伴终生。我谁都没有告诉，但这是事实。妈妈，你可能不理解，甚至会很生气，而这一切都已无法改变，我会对我的妻子永远负责的。”

母亲轻轻地叹了口气，说：

“唉，还是你爸爸更了解你啊！他说得对，你从来不知道无条件地服从，就是服从也只是表面的。你竟然做出这么大的事，眼里也根本没有这个家，没有你爸爸和我。如果传出去，你知道对我们家族会有多坏的影响吗？”

恩格斯低下头，说：

“您不说不就没人知道了吗！”

母亲点了点头，说：

“是的，我决不会说，若让你爸爸知道，他一定会气个半死。好了，你结婚了，也了却了我一桩心事，好也罢坏也罢，反正是你自己选择的。我又能说什么呢！”

恩格斯抬起头，又说：

“妈妈，我爸这次是不是不想让我去英国了？”

母亲说：

“当然，他想把后开的那个公司全部交给你掌管，还说是该给你压重担子的时候了。你妹妹订婚仪式之后，他就会对你说这件事。”

恩格斯说：

“可是我还想尽快去巴黎……”

母亲打断他的话，说：

“你不能再到处乱跑了！决不可以！现在连我对你也不放心了！”

短时间内去不成巴黎，恩格斯无可奈何地给马克思写了封信，然后，他决定在本国从事革命的宣传活动。

好在家里正忙着妹妹订婚的事，父亲也想让他休息几天，这就为他自由活动提供了机会。

他于是到科伦拜访了赫斯——曾是马克思的好友、《莱茵报》编辑部成员，第一次恩格斯去拜访马克思未果，正是赫斯接待他的。

赫斯听说恩格斯与马克思建立了友谊，非常高兴。他告诉恩格斯说普鲁士正在进行广泛的共产主义思想宣传活动，现在正是他们大展身手的时候。

于是，两个人共同组织出版了《社会明镜》杂志。

同时，恩格斯还进行了《前进报》在社会主义者中间的推广工作，并参加了《莱茵年鉴》《威斯特伐利亚汽船》《人民总汇报》出版的筹备工作。

恩格斯和赫斯以《社会明镜》为阵地，写文章对资本主义社会进行无情揭露，对反动势力予以猛烈抨击。为此，激怒了反动政府，普鲁士内务大臣下令：

“这家文学刊物企图煽动和蛊惑社会上的无产阶级，要对它严加注视，要最严厉地责成检察官最严格地行使检察法。”

由于反动政府的严重干涉和严格审查，恩格斯和赫斯只得有所

“收敛”。

就在这时，又有一个新的机遇出现了。

1844年10月25日，普鲁士国王发布敕令，允许成立工人阶级生活改善协会。

其目的是想通过建立储蓄保险银行，建立学校和普及通俗读物，使手工业工人和工厂工人在精神上和生活上得到救济。

恩格斯和赫斯决定利用“工人阶级生活改善协会”的招牌，组织工人集会，揭发资本主义的假仁假义，宣传共产主义思想。

经过一段时间的紧张筹备，1845年2月8日，他们首次组织了工人集会，地点是在爱北斐特一个寡妇开的饭店里。

集会时由赫斯做报告，阐述共产主义原理，然后由恩格斯发表论述共产主义的长篇演讲。

他的演讲说到了工人们的心里去了，所以很受欢迎，也产生了巨大影响。

第一次集会成功，接下来的集会人数一次比一次多，以致使整个爱北斐特为之轰动了。

终于，这样规模盛大的集会引起了政府的不安。

1845年4月28日，市长亲自签署禁止集会的禁令，并派人通知开饭店的寡妇：再为工人集会提供场所，立即吊销营业执照。

但是，恩格斯等人根本不理会市长的禁令，在一个星期六晚上照旧集会。

可是，集会刚进行一半，外面就聚来大队全副武装的警察，把饭店团团包围了。

市长和检察官带人冲进饭店，却怔住了：

人们在喝酒吃饭，还有的在划拳，并没有人作煽动性的演讲。

市长和检察官只好威胁老板娘几句，带众警察悻悻而去。

虽然万幸中骗过了武力镇压，可人们也惊出一身冷汗。

恩格斯知道不能再冒险集会了，否则可能招致惨痛的损失。

但他组织的这几次集会影响巨大，他本人也列入了普鲁士反动当局的“黑名单”。在警察厅长向国务大臣的报告中，把恩格斯称为“共产主义者的首领”。

为英国编制罪状表

恩格斯组织工人集会的事很快传到了老恩格斯的耳朵里。

老恩格斯气得要发疯了，他吹胡子瞪眼摔酒杯，把儿子一顿痛骂，最后叫板：

“逆子，你要么从今天开始乖乖地给我做生意；要么你立即从这个家滚出去！”

恩格斯只是低着头，站在那儿挨骂，连一句反驳的话也没说。

他心中已经做出了选择。

夜里，他写了一封信：

爸爸，妈妈：

我走了，我想出外旅行一段时间。又惹你们生气，实在对不起。但作为你们的儿子，我并没有做什么使你们丢脸的事情。如果上帝真正是仁慈的，我就是在替上帝做事，因为我坚信我所做的工作是对天下苍生有益的。

你们的儿子弗雷德留言

次日，天刚蒙蒙亮，恩格斯就悄悄地背着他装满书籍的行囊离开了家。

他决定去巴黎和马克思相聚。在去巴黎之前，他想先到科伦和赫斯道别。

恩格斯像（19世纪40年代中期）

在科伦，恩格斯见到了赫斯。

“我想去巴黎与马克思并肩战斗。我父亲把我轰出来了，我特意来向你道别的。”

恩格斯轻松地笑着，这么对赫斯说。

可赫斯却反问他：

“你要去巴黎？你没收到马克思的信吗？”

恩格斯摇了摇头，说：

“还是前些日子收到他的信。怎么了？出了什么意外？”

赫斯说：

“马克思最近给我来信，他说已经被法国驱逐，他要去比利时的首都布鲁塞尔，他说另外已经给你写信了……”

恩格斯叹了口气，说：

“一定是我家里把马克思的信藏了起来！他们对我的信一向感兴趣！多亏我先来了你这儿。”

赫斯说：

“马克思的情况非常糟，他那点钱都花在创办《德法年鉴》上了，经济上陷入了困境，甚至已经没钱在布鲁塞尔安家了。”

恩格斯想了想，说：

“我先不去见他了。我要留在国内把我的书写完，那样可以用稿酬接济他。”

赫斯说：

“那还得等多长时间，他眼下就急需救济，他夫人孩子甚至没有路费去布鲁塞尔与他团聚，还留在巴黎……”

恩格斯说：

“那就搞一次募捐吧。我父亲正在气头上，别想让他给我一塔勒。”

募捐的结果并不理想，恩格斯和赫斯张张罗罗，只从爱北斐特、科伦和威斯特伐利亚的共产主义者那里募集到120法郎。

于是，他们把这120法郎给马克思寄去了。恩格斯还同时给马克思写了一封信，他在信中说：

“至少不能让那些坏蛋们的破坏行为使你造成经济上困难而得意。我不知道这些钱够不够使你在布鲁塞尔安顿下来。不言而喻，我是非常愿意把我第一本关于英国的书稿酬供你使用。”

接下来的日子，恩格斯就全身心地投入到写作“第一本关于英国的书”上来。

他从英国回到巴门时，就已经断断续续地写了一些，而这次是下决心一口气写完。

他不能回家，只能在赫斯给他找的临时住处奋笔疾书。

他写的这本书，用他自己的话说，是“为英国编制一张绝妙的罪状表”。

他要向全世界控诉英国资产阶级所犯下的大量杀人、抢劫以及其他罪行。

他的用意是，明明打的是麻袋——英国资产阶级，而指的却是驴子——德国的资产阶级。

他要清清楚楚地告诉世人，驴子和麻袋一样坏！

恩格斯是根据亲身观察和可靠的材料写这本书的。

他在给马克思的信中说：

“如果我不是每天要把英国社会中最可怕的事情写进我的书里，我想我也许会有些颓唐起来，而这件事至少是把我的愤怒保持在沸腾状态。”

经过前后半年的紧张写作，恩格斯于1845年3月底完成了他第一本关于英国的书，名为《英国工人阶级状况》。

在这本书中，恩格斯不仅生动描绘了英国工人阶级的贫困状况，而且历史性地第一次提出了无产阶级不只是一个受苦受难的阶级。无产阶级所处的经济地位，不可遏止地推动它前进，使它去争取自由并最终获得解放。

在这本书中，恩格斯还第一次提出了工会和经济罢工在维护工人阶级切身利益方面，在团结工人阶级和培养他们的斗争精神方面的重要作用。

恩格斯在这部著作中，自始至终贯穿着他与马克思在巴黎会面时达成共识的一种思想：

未来属于工人阶级。

同年5月，这本书由莱比锡的奥托出版社出版发行。

书一出版，立即在德国引起了很大反响，社会主义派别的报刊反响尤为强烈。

《文学报》赞扬该书具有“永久价值”。

而俄国的一家杂志把该书作者称为“最优秀最高尚的德国人之一”。

马克思更是毕生都对这部著作给予很高的评价，在写《资本论》时，多次引用书中的材料。

结伴旅行

1845年4月5日，恩格斯来到了布鲁塞尔。

他并没有等自己的书出版，一交稿拿到最后一笔稿酬就急匆匆地赶来了——他已经把这本书第一笔稿酬100塔勒预支出来先期寄给了马克思。

到布鲁塞尔后，恩格斯在一家低价旅馆里找到了马克思的家。

他敲开门，见门口站着一位端庄秀美的年轻夫人，就说：

“我是从德国来的恩格斯……”

夫人打断他的话，笑着说：

“您是弗里德里希·恩格斯吧？我是燕妮，我和卡尔正等您呢！”

说完，把恩格斯让进屋。

恩格斯刚迈时屋，马克思就迎过来，与他热烈地握手，拥抱。

马克思笑着说：

“知道你要来后，我几乎没有心情工作了。”

燕妮也笑着说：

“您在卡尔心目中的位置，连我都感到羡慕了。”

恩格斯对燕妮开玩笑，说：

“卡尔有您这样美丽贤淑的妻子，也很让我羡慕啊。”

他坐下来时，过来一个相貌清秀的日耳曼姑娘，为他递上一杯饮料，笑着说：

“您请喝饮料。”

燕妮在一旁介绍说：

“她叫琳蘅，是我们的管家。是我母亲让她来帮我的。”

接下来，马克思便让恩格斯看他刚完稿的《关于费尔巴哈的提纲》，两个人亲热地交谈起来……

恩格斯刚来布鲁塞尔时，也住在这家低价旅馆里，可他发现这里太吵太闹，非常不适合写作读书。

5月份，他在一条并不热闹的街道租了两处房子，和马克思一家都搬出了旅馆。

在新租的房子，恩格斯和马克思一家住隔壁，他几乎天天泡在马克思家里，与马克思一起研究，进行广泛交流。

就在这时候，他们周围逐渐聚来一些进步人士，其中有赫斯的夫人、沃尔弗，还有恩格斯在曼彻斯特时最好的朋友维尔特。

6月份，恩格斯从家信中获悉，妹妹玛丽亚和布兰克要结婚了。他想借这机会回家一趟，一是参加妹妹的婚礼，另外也想从家里弄出点钱来。

可是他在警察局办理证件时被卡住了，因为他的侨居证书只适用于离开普鲁士，而不适用于返回普鲁士。他只好作罢，便给妹妹玛丽亚写了一封信，表示歉意和祝贺。

7月，马克思邀请恩格斯陪他去英国旅行，恩格斯欣然同意了。

马克思去英国旅行有两个目的：他为了写作《政治和政治经济学批判》一书，需要对经济学和资本主义社会做深入研究和实地调查。而英国是世界上最发达的资本主义国家，当然是最合适的。况且英国还有极其丰富的科学文献可以收集利用。

另外一点，英国又是世界上工人运动最活跃的国家之一，马克思想于那里的工人阶级建立直接的联系。

恩格斯也想为写英国社会史去收集材料，便欣然同意与马克思结伴前往。

1845年7月12日，恩格斯陪同马克思横渡英吉利海峡，在伦敦登陆，然后转乘火车奔赴曼彻斯特。

他们先在曼彻斯特落脚，这建议是恩格斯提出来的。他同时告诉马克思心中的秘密：在这座城市里有他的妻子在等待着他。

来到曼彻斯特，他们便直接来到海德路恩格斯的新家。

在恩格斯漂亮的新居里，在玛丽热情的款待下，马克思感到一切都这么舒适。

当天晚上，他们吃过丰盛的晚餐，恩格斯安排马克思在他书房读书，自己则与玛丽到卧室说悄悄话。

“这次回来还走吗？”

玛丽柔声地问。她依偎在恩格斯怀里，乖顺得像一只小猫。

恩格斯笑了笑，说：

“我们一同走。我已经在布鲁塞尔租了房子，以后我们可以不再分开了。”

玛丽幸福地笑了，说：

“那这里呢？这里的东西呢？”

恩格斯说：

“什么都不动。就这样放在这儿，我们来曼彻斯特还可以住在这儿。这不好吗！”

玛丽说：

“好是好，不过花费会大些啊。我又不去上班了……”恩格斯笑了，说：

“至少现在我们还能维持啊！”

玛丽也笑了，说：

“对，实在不行，我还可以去卖水果啊。这样吧，我写信让我妹妹来，她可以给咱们看家，免得被人偷了东西。”

恩格斯点头说：

“也好。”

顿了顿，又说：

“我已经把我们的事告诉了我母亲……”

玛丽急忙说：

“你不说不告诉家里吗？”

恩格斯说：

“告诉我母亲不等于告诉我家里，我不想让她总为我的婚事操心，另外，我还想告诉你，我与我父亲的关系已经很僵了，我可能在经济方面得不到家里的支持，或者说，我可能变成穷光蛋了……”

玛丽像是安慰丈夫似的，吻了丈夫一下，说：

“怕什么呢！我们自己可以创造财富啊！我卖水果也可以养家糊口，我不会让你饿着肚子写作的。”

恩格斯笑了笑，说：

“你不会后悔？”

玛丽摇了摇头，说：

“我并不是因为你是老板的儿子才嫁给你，我又后悔什么呢！只要和自己相爱的人在一起，再苦再难我都愿意。”

恩格斯拥紧了妻子，说：

“我并没有爱错人，玛丽，你值得我永远珍惜！”

在随后的一个多月中，恩格斯陪同马克思每天都到曼彻斯特切特姆图书馆，去阅读在欧洲大陆难以见到的政治经济学著作。

晚上他们回到恩格斯的新居，享用玛丽准备的丰盛晚餐，喝着葡萄酒或香槟愉快地交谈。

1845年8月19日，恩格斯夫妇陪同马克思踏上归程。

在返回布鲁塞尔途中，他们在伦敦稍事逗留，接触了正义者同盟的领导人沙佩尔和莫尔等人，并拜会了宪章派机关报《北极星报》编辑部。

恩格斯还在宪章派欢迎他们的酒会上，发表了即席演讲，阐述了他和马克思的一些基本政治观点。

此次英国之行，马克思和恩格斯收获很大，几个主要目的都达到了，并且在理论研究和社会实践方面受到巨大启迪。

重要使命

从英国旅行回来之后，马克思和恩格斯开始了新的研究工作。

经过研究，他们发现要想建立起真正科学的、完善的新经济理论体系，就必须首先对旧的经济学理论进行清算，这样先发表一部反对德国哲学和那一时期产生的德国社会主义的论战性著作就显得很重要。

于是，他们决定合写这样的一部著作，并定名为《德意志意识形态》。

从1845年11月起，马克思和恩格斯开始了紧张的写作。

这一次他们采取了更为密切的合作形式：

两个人经常在一起讨论，几乎每个章节甚至每一段都共同研究和推敲。

他们经常讨论到深夜，有时到了忘我的程度，使琳蘅不得不来提醒他们，说他们的声音太大了，把孩子都吵醒了。

这部著作两个人孜孜不倦地写了近六个月，到1846年5月才写完。

在这部著作中，他们第一次对作为科学共产主义基础的唯物主义历史观进行了全面研究，阐述了一系列唯物主义历史观的重要的原理。

这部著作的完成是人类思想发展史上的重大进步，堪称是一部具有重大的理论价值和历史意义的伟大作品。

然而，这部著作的命运如何呢？

其实，这部著作本身所具有的激烈的革命性质就已经决定它出版必定艰难。

结果，大费周折之后仍然未能出版。马克思在给友人的信中说："这困难一方面来自警察，一方面来自代表我们所抨击的一切流派的利益的出版商。"

辛辛苦苦写成的书却出版不了，也使两个人预想获得稿酬改善生活的希望落空了。

这时，恩格斯在经济上也陷入了窘境：

他仅有的那些钱早就花光了，而且还把价值150法郎的物品抵押在当铺里。

玛丽为替丈夫分忧解难，又干起了老行当——去卖水果。她天性乐观，待人热情，并不觉得生活有什么困苦。

若只靠玛丽卖水果，两个人真饿不着，但恩格斯不能不管马克思一家；马克思一家已经到了吃了上顿没下顿的境地，甚至连马克思从不间断的雪茄烟也没钱买了。

恩格斯只好硬着头皮给妹夫布兰克写信求助，让妹夫尽快给他寄6英镑或150法郎。还说有价值150法郎的物品抵押在当铺里，希望父亲去英国时经过布鲁塞尔把物品赎出来。

很快，妹夫布兰克给恩格斯寄来6英镑，妹妹玛丽亚还写来一封信，规劝他早点回家，别和父亲怄气，并说已把他的困境和家里说了。

果然，没几天，恩格斯收到家里寄来的20英镑，在母亲随后的来信中告诉恩格斯，家里会定期寄生活费给他，但不会太多，因为他父亲不想让他把多余的钱用在共产主义事

恩格斯像(摄于1846年)

业上。

有了钱，恩格斯给马克思一家送去了生活费，并特意给马克思买了几条上好的高级雪茄烟。

写完了《德意志意识形态》，马克思和恩格斯决定暂停理论研究工作，先腾出手来对组织内部的两股“逆流”进行批判。

组织就是1846年2月，他们创建的布鲁塞尔共产主义通讯委员会。

建立这个组织是马克思提议的。目的是通过这种方式在各国革命者之间建立起紧密的联系，相互传递信息，了解各国工人运动和理论研究的动态，宣传科学共产主义理论，批判危害工人运动的各种错误思想。

参加这一组织的除了马克思和恩格斯，还有沃尔弗、维尔特、埃德加尔和魏特林等人。

而这两股“逆流”的其中一股，就是这个魏特林掀起来的。

魏特林曾经是德国工人运动的领导人，又流亡到巴黎参加了正义者同盟，成为领导人，后来因发表《贫苦罪人的福音》一书被捕，释放后来布鲁塞尔参加了共产主义通讯委员会。

魏特林宣扬的是平均的共产主义思想，他的理论还带有浓厚的宗教痕迹，他本人还常常以救世主自居。

马克思和恩格斯决定对魏特林这个狂妄之徒进行批判。

在1846年3月30日，布鲁塞尔通讯委员会的一次会议上，马克思和恩格斯与魏特林展开面对面的辩论。

辩论时，恩格斯指出魏特林的说教只是想激起工人的幻想，而不是给工人科学的理论武器，因此全是骗人的谎言，这只能给工人运动带来灾难。

马克思和恩格斯唇枪舌剑，用他们那博大精深的理论，把魏特林的错误思想理论批驳得体无完肤。

这次会议宣告，布鲁塞尔通讯委员会已与魏特林公开决裂了。

但魏特林却不肯认输，他转而投向另一股“逆流”，并推波助澜，大造声势。

另一股“逆流”就是“真正的社会主义”。

所谓的“真正的社会主义”是曾经盛行于德国的一种小资产阶级社会主义思潮，实际上是费尔巴哈的人道主义与蒲鲁东的空想社会主义思想的大杂凑。

在马克思和恩格斯合写的《德意志意识形态》一书中，两个人已经对“真正的社会主义”思潮进行了批判，可惜书未出版，也就未收到效果。

批判“真正的社会主义”，马克思和恩格斯先是从该思潮代表人物之一的克利盖下手。

他们合写了《反克利盖通告》一文，指出克利盖的说教决不是共产主义宣传，它只能麻痹工人阶级的革命斗志。世界上没有抽象的爱，爱也不能使所有的人团结起来更不会治疗社会上的疾病，要实现共产主义理想只有进行无产阶级革命。

该文在世界各地公开发表后，给克利盖以致命的打击，同时也回击了泛滥的“真正的社会主义”。

为了彻底清除“真正的社会主义”在工人运动中的危害，布鲁塞尔通讯委员会决定委派恩格斯去巴黎，与那里的“真正的社会主义”另一代表人物格律恩等人做斗争。

因为这时候，克利盖已经在政治舞台上消失了，魏特林也去了美国，只有巴黎的格律恩等人还在顽固地与他们对抗。

恩格斯知道与格律恩等人的斗争将是长期而艰巨的，他不会在短时间内返回布鲁塞尔，限于经济条件又不便把玛丽带到巴黎，于是和玛丽商量后决定，玛丽先返回曼彻斯特去。

1846年8月，恩格斯与玛丽惜别，他把爱妻送上去伦敦的轮船，夫妻频频挥手，直到远去的巨轮消失在天际，他还伫立在码头久久不动。

次日，恩格斯便独自一人赶赴巴黎。

1846年8月15日，恩格斯来到巴黎。

到巴黎后，恩格斯首先拜访了正义者同盟巴黎支部的领导人艾韦贝克，向对方耐心陈述了格律恩所代表的“真正的社会主义”在德国工人运动中的危害性。

艾韦贝克被恩格斯说服了，同意恩格斯对格律恩进行批判。

随后，恩格斯又拜访了侨居巴黎的德国工人的实际领袖云格。

在一番说服之下，云格同意帮助恩格斯，把一批先进的工人团结在他的周围。

在做完这些准备工作后，恩格斯决定向格律恩挑战了。

可就在开始论战之前，恩格斯收到了马克思的来信。

马克思告诉他，他们的好朋友赫斯到了布鲁塞尔，因为赫斯仍然顽固地坚持“真正的社会主义”思想，马克思与赫斯进行了激烈辩论，最终赫斯不愉快地离去了。

对此马克思夫妇都感到很痛苦，因为赫斯夫妇毕竟是他们私交甚笃的好朋友。

恩格斯知道马克思在提醒他，不管是朋友还是敌人，在原则立场上都不能动摇和让步。

恩格斯与格律恩的论战终于开始了。

格律恩在第一次辩论时，就借助他赞赏的蒲鲁东新出版的《经济矛盾的体系—或贫困的哲学》一书，竭力宣扬工人们应该积储小额的股份首先在一个或几个行业里设立几个小作坊，用生产利润和利息扩大再生产，如此继续下去，直到所有无产者都有工作，国内所有的生产力都被收买过来，从而使资产者手中的资本丧失支配劳动和获取利润的权力，这样一来，资本就废除了。

恩格斯对此予以回击和嘲笑。他指出，这样一个卓越的计划真是从来没有人想过，如果可以这样变戏法，那用月亮的银光立刻铸出法郎硬币岂不是更简捷吗！问题是工人们连吃饭的钱都没有，怎么能用储金去投资建作坊。

一些“真正的社会主义”分子见恩格斯驳倒了格律恩，就有意为难他，说：

“你能给共产主义下一个简单的定义吗？”

恩格斯坚定地回答：

“当然能。一是维护同资产者利益相反的利益；二是消灭私有制而代之以财产公有；三是暴力革命是实现这些目的唯一手段。”

恩格斯的这个定义使真共产主义者与假共产主义者分得一清二楚。

经过三个晚上的激烈辩论，集会的工人几乎全部站到了共产主义一边来，彻底孤立了格律恩为代表的“真正的社会主义”。

两天后，恩格斯向布鲁塞尔共产主义通讯委员会写信报告，他已经战胜了格律恩的“真正的社会主义”，完成了委员会交给他的任务。

一切都为了“同盟”

恩格斯在巴黎对“真正的社会主义”的斗争，对正义者同盟其他支部和同盟的领导人产生了很大影响。

从1846年11月起，同盟的领导人沙佩尔、莫尔都同魏特林及其拥护者公开决裂了。

1846年11月，伦敦正义者同盟中央委员会发出了第一个告全体盟员书，谴责了魏特林的空想共产主义体系，号召盟员同“真正的社会主义”进行斗争。

1847年初，正义者同盟领导人决定根据马克思和恩格斯的学说，对同盟进行彻底改组。

为此，莫尔先后拜会马克思和恩格斯，诚恳地邀请他们参加同盟，并参加同盟改组工作和制定新纲领工作。

在此之前，马克思和恩格斯曾拒绝过加入正义者同盟，因为那时同盟还把持在魏特林等人手里。

这一次，马克思和恩格斯都没拒绝。

因为这次正义者同盟改组是根据他们的学说。

1847年2月，莫尔回到伦敦，向同盟中央汇报了好消息：马克思和恩格斯同意加入同盟并予以全力支持。

于是，同盟中央委员会又发布了第二个文告，声明坚决同魏特林主义和“真正的社会主义”决裂，并宣布正义者同盟代表大会将于1847年6月举行，会议主要任务是彻底改组同盟。

1847年6月2日，正义者同盟第一次代表大会在伦敦举行。

恩格斯作为巴黎支部的代表参加了大会。

代表布鲁塞尔支部的是沃尔弗。原定让马克思出席，可马克思由于经济困难，凑不够路费，就让沃尔弗代替他了。

在伦敦代表大会上恩格斯唱了主角。

他阐述了他和马克思的科学共产主义思想的基本观点。以其饱满的精力，果断的性格，渊博的知识，明确的思想和雄辩的口才赢得了代表们的尊敬，确立了他实际领导的地位。

这次代表大会一项重要成果是：

把“正义者同盟”改名为“共产主义者同盟”。

另一项重要成果是：

根据恩格斯提议，用“全世界无产者，联合起来！”这一口号，取代了旧口号“人人皆兄弟”。

代表大会通过了恩格斯起草的《共产主义者同盟章程》。

代表大会对恩格斯起草的纲领草案进行了热烈地讨论。

虽然大多数代表对这个《共产主义信条草案》表示赞同，鉴于确立同盟纲领是一个极其重要的事情，必须十分慎重，因此，决定把《共产主义信条草案》提交各支部进行充分讨论、修改和补充，使其具有更高的科学性。

代表大会闭幕之后，恩格斯返回巴黎。

在巴黎各支部热烈讨论《共产主义信条草案》时，当时已经是盟员的恩格斯的老朋友赫斯却利用这一机会，写了“一篇绝妙的教义问答修正稿”，把恩格斯的一些思想同他的“真正的社会主义”思想混杂在一起，他把自己修正的草案提交给巴黎区部。

恩格斯没想到赫斯会来这一手，他实在不愿意与老朋友公开对抗，可是想到马克思已经为自己做出了榜样，便决定当仁不让。

1847年10月22日，在区部会议上，恩格斯阐述对赫斯修正草案的反对意见。

他逐条对赫斯的修正意见进行分析和反驳，刚谈到一半，大家就表示完全赞同恩格斯的意见。

在没有任何反对意见的情况下，会议委托恩格斯草拟一篇新的教义问答。

恩格斯只用了几天时间，就完成了新的纲领草案——《共产主义原理》。

在共产主义者同盟第二次代表大会前夕，恩格斯给马克思写信，说：

> 请把《信条》考虑一下。我想，我们最好是抛弃那种教义问答形式，把这个东西叫作《共产主义宣言》。因为其中必须或多或少地叙述历史，所以现有的形式是完全不合适的。

马克思回信，让恩格斯在去伦敦开会时先到比利时海滨城市奥斯坦德与他会面，共同商讨这个纲领及其他有关问题。

恩格斯《共产主义原理》一书手稿

11月27日，恩格斯如期来到奥斯坦德，在一个旅馆见到了马克思。

马克思看完《共产主义原理》，与恩格斯商量，暂不提交代表大会讨论。

在马克思认为，还有必要进行补充和修改。

11月29日，共产主义者同盟第二次代表大会正式开幕了。

大会的中心议题是讨论共产主义者同盟的纲领问题。由于马克思和恩格斯没把纲领草案——《共产主义原理》提交讨论，他们便就这一草案与反对者进行辩论。

辩论时，他们深入浅出地阐释了科学共产主义的基本原理，并对准备写进同盟纲领的主要内容做了全面论述。

经过八个夜晚的辩论，他们的观点获得了绝大多数与会者的信服。

12月8日晚上，会议辩论结束。

大会批准了恩格斯起草的《共产主义者同盟章程》，并委托马克思和恩格斯为同盟起草纲领。

大会结束之后，马克思和恩格斯回到布鲁塞尔，立即投入到紧张的起草党纲的工作之中。

他们一起研究了宣言的内容，结构和表达方式，拟定了一个提纲。

由于恩格斯在12月底必须返回巴黎参加德国流亡者新年集会，并要作演说，便未能参加宣言的实际写作。

这一艰巨任务就落到了马克思肩上。

马克思以前所未有的认真劲儿，一丝不苟地完成了任务。

写成的这个纲领性文件，名为《共产党宣言》。

《共产党宣言》是马克思和恩格斯心血的结晶。它被列宁称为科学共产主义的出生证，它的发表标志着马克思主义的诞生。

《共产党宣言》发表后，很快便被译成多种文字，传遍世界各地。

恩格斯对此欣喜地说："它无疑是所有社会主义文献中传播最广和最带国际性的著作，是从西伯利亚起到加利福尼亚止，千百万工人公认的战斗纲领。"

《共产党宣言》德文第一版

不愉快的晚餐

恩格斯在德国流亡者新年集会上发表的演讲，刺痛了法国政府。法国政府立即以“煽动反对政府”为由，把他驱逐出境。

恩格斯只好又回到布鲁塞尔马克思的身边。

也就在这个时候，席卷整个欧洲的革命风暴开始了。

1848年1月，意大利西西里岛上的巴勒莫首先爆发了人民起义，革命的烈火迅速蔓延，不久就波及到了几乎整个欧洲大陆。

2月，法国爆发了革命，推翻了“七月王朝”，国王菲利普逃往国外，建立了法兰西第二共和国。

3月，奥地利首都维也纳发生大规模武装起义，推翻了梅特涅的反动政权。

3月，米兰爆发反奥起义，解放米兰。

3月，普鲁士首都柏林爆发了武装起义，反动政府军在与人民群众激战中溃败，撤离柏林。国王和王后不得不在王宫的阳台上，向起义牺牲的烈士脱帽致哀，并宣布给予资产阶级政治权力，撤销对德国革命者的通缉令。

撤消了对革命者的通缉令，就意味着马克思和恩格斯可以大摇大摆地回国了。

4月5日，马克思和恩格斯从巴黎出发，踏上回国的旅途。

4月7日，他们到达美因兹，协助那里的共产主义者同盟支部建立了工人教育协会。

4月11日，他们来到科伦。

科伦是莱茵省的省会，也是普鲁士最发达的工业城市之一。

马克思和恩格斯认为，科伦无产阶级力量集中，共产主义者同盟盟员人数较多，而且这里比别的地方有更多的出版自由，很适合开展革命活动。

他们决定把科伦作为革命的中心。

为此，在4月15日前后，大部分共产主义同盟的中央委员都聚到了科伦。

马克思和恩格斯把这些委员和同盟中的骨干分派到邻近的大中城市，让他们组织领导那里的革命活动。

但是，由于革命形势的迅速发展，同盟中央与各地的联系出现了问题：同盟中央的精神和各种消息不能及时地传递到各地去，实际上已无法担当对革命的领导责任。

针对这一情况，马克思提出创办一份日报，既可以表明他们的政治目的，传播共产主义思想，还可以对各地起到指导和交流的作用。

恩格斯非常赞同马克思的建议。于是这份日报被命名为《新莱茵报》。

对于办报，马克思有丰富的经验，他认为除了资金，别的都不算困难。

恩格斯对马克思说：

“那么我就承担这最大的困难，我回家乡去筹集资金。也许革命的风暴会吹醒我的父亲，他可以支持我们。”

马克思笑了，说：

“也不能全靠你，我多派出去些人，到各地筹款。我们采取招股办报的方式，那些资产者就算不支持革命，还可能为了赚钱！”

就这样，4月中旬，恩格斯回到了故乡巴门市。

一晃又离家两年了，踏上故乡的土地，恩格斯的心情自然难以平静。

父亲是否还那么顽固不化？是否还在生自己的气呢？

两年来父亲一封信也没给他写，给他的家信都是出自母亲或弟妹之手。但家里定期给他寄生活费，肯定是经父亲点头的。

到家了，弟妹欢呼着迎他进门，他看见了闻讯迎出来的母亲，便快步上前与母亲拥抱。

母亲流下欣喜的泪水打湿了他的衣襟：

“你知道家里对你多担心吗？回来就好！回来就好！”

“父亲呢？”

恩格斯问了一句。

二弟抢着告诉他：

“去工厂了，快该回来了。”

话音未落，父亲拎着他不离身的小皮包走进客厅。

“爸爸，我大哥回来了！”

二妹嘴尖舌快地叫起来。

父亲投目过来，正与恩格斯的目光撞在一起。

恩格斯急忙说：

“您好爸爸，我回来了……”

父亲面无表情，说：

“回来就好。”

转对母亲，又说：

“晚上弄点好吃的。”

说完，就穿过客厅，回他的书房了。

母亲笑了，说：

“还用他说，晚上我亲自下厨房。”

晚餐时，没有外人，并不像恩格斯每次回来那样举行隆重的宴会和舞会。

但晚餐也很丰盛，特别是母亲亲自为恩格斯烧了牛排，还有别的他爱吃的菜。

父亲来到餐桌跟前时，把拎在手里的一瓶葡萄酒放到桌上，谁也不看，淡淡地说：

“你们喝吧。”

恩格斯认出这是父亲珍藏的最好的法国干红葡萄酒。

他启开葡萄酒，想给父亲斟酒，可父亲却说：

“我不想喝！”

一句话，满席所有的喜庆气氛一扫而光。

父亲不再说话，只顾埋头吃着，谁也不看。

母亲可能怕父亲发脾气，也不吭声。

弟妹们更是噤若寒蝉，唯恐父亲把火发到他们头上，都悄悄地低头吃饭，也不说话。

恩格斯自己斟了杯酒，开始自斟自饮起来。

父亲是最先退席的，仍然一言不发地回他的书房了。

父亲一走，桌边的人才长舒了一口气。

二弟急忙抢过酒瓶子，把剩下的三分之一的酒和三弟分了；而二妹却拉住三弟的手，非要尝一口；三妹已经抢过恩格斯的酒杯喝起来……

母亲见了，脸上才泛起浅浅的笑容，说：

“弗雷德，别怪你爸，他心里还是爱你的。”

可是，恩格斯想不明白，这样在心里爱自己的父亲，却一连几天不和自己说话。

这几天他一直寻找机会想和父亲说筹款的事情，可父亲的脸色总不开晴，他怕又碰钉子。

他只得每天和弟妹在一起消磨时间：指导弟弟们击剑，教妹妹们弹钢琴和绘画。

更多的时间是一个人关在房间里想办法，一支接一支抽烟，以至屋里的烟雾把打扫房间的女佣呛得直咳嗽。

可是他的心却像一直烤在火上，他真为办报的事焦急啊！

不能再等了！行与不行，也得要父亲一句痛快话！

他决定这天晚上就对父亲说。

还没等到晚上，父亲却让女佣把恩格斯叫到了他书房。

父亲抽着雪茄，见恩格斯进来，冷冷地说：

“你什么时候决定成立共和国啊？”

恩格斯一怔，说：

“我成立什么共和国？”

父亲说：

“现在整个巴门，包括爱北斐特都在传说，我弗里德里希老板的宝贝的、革命的、了不起的大儿子正准备在巴门宣告成立共和国。为此，连巴门的市长还找过我……”

恩格斯忙说：

“那是有人散布谣言……”

父亲严厉地打断了他的话：

“不！你不要骗我了，你难道可以否认，你这次回家不是为了从我手里弄到钱？你是想弄到钱去购买武器，可我现在就告诉你，我宁愿让你吃一千颗子弹，也不会给你一千塔勒！”

流浪的日子

恩格斯在父亲这里没有弄到钱，他只好去社会上筹款。

在爱北斐特或巴门，凡是大的工厂主或资本家，几乎都与他父亲有交往，当然不愿结交他而得罪他父亲。

而有钱的亲朋好友，也都怕他父亲生气，而不愿意把钱给他。

他费了好大的劲儿，才说动十四个小资产者入股，每股50塔勒。

他回到科伦，向马克思汇报筹款情况说：

“那些资产者表面上挺激进，而骨子里却敌视革命，让他们往出拿钱很困难。像爱北斐特开饭店的那个寡妇，她入股却说是看我面子，因为以前我在她饭店里组织过工人集会。似乎她的股金是对我的施舍。而我父亲，不仅不给我一分钱，还把生活费减去一半，怕我钱多了用在革命上。”

就是这一半的生活费，恩格斯还是拿出一半来创办报纸。但这还远远不够。

后来，是马克思父亲的遗产帮了大忙，才使他们创办报纸的愿望变成了现实。

1848年6月1日，《新莱茵报》创刊了。

恩格斯作为马克思的主要助手，任务是撰写政治评论和外交政策方面的文章，当马克思外出时，代理总编辑的职务。

马克思非常赞赏恩格斯的智慧和才能，他曾经风趣地对别人说：

“恩格斯是一部真正的百科全书，不管白天还是黑夜，不管是头脑清楚还是喝醉酒，在任何时候，他的工作能力都很强，写作和思索都极快。”

事实上也果然如此，在《新莱茵报》存在的短短的一年中，恩格斯就写了一百多篇社论和通讯。

《新莱茵报》是1949年5月被查封的，中间还被强令停刊一段时间。

《新莱茵报》的出版在革命活动中发挥了巨大作用，达到了预期的目的。

可是革命形势却让马克思和恩格斯乐观不起来。

1848年2月，法国二月革命之后，政权落到了大资产阶级手里，而资产阶级政府执行的政策对帮他们夺取政权的无产阶级没有一点好处，以至于致使双方矛盾激化。

无产阶级决定为实现自己的理想“社会共和国”而斗争。于是，发生了巴黎的六月起义。

这是两大对立阶级的第一次大交锋。

结果起义遭到血腥镇压，一万一千多人被屠杀，二万五千多人被监禁、流放。

马克思

恩格斯

巴黎六月起义失败后，欧洲的形势开始恶化了——欧洲各国的反动势力感到他们东山再起的时机到了，纷纷向革命力量进行反攻。

普鲁士政权已经由自由派贵族政府替代了自由派政府，随后采取一系列高压措施打击革命活动。

7月3日，科伦工人联合会的领导人被逮捕了——这是向马克思、恩格斯为首的《新莱茵报》发出了警告。

马克思和恩格斯毫不畏惧，8月13日至14日，召开了莱茵省民主主义者第一届代表大会。马克思在会上发表演讲，再次阐述了《共产党在德国的要求》，与反动政府进行了针锋相对的斗争。

随后在9月13日、9月17日，针对反动政府的倒行逆施，分别组织了两次大规模的民众集会，以及9月18日法兰克福人民举行的武装起义。

但武装起义被镇压了下去。普鲁士反动政府狂怒之下，开始对马克思和恩格斯等人进行公开迫害了。

9月中旬，反动政府把大批军警调到科伦，实行紧急戒严。

一天，许多警察突然闯进《新莱茵报》的报社，要逮捕几位重要的编辑：恩格斯、沙佩尔、沃尔弗、德朗克和斐迪南等人。

当时这些人都在报社，当听说警察赶来时，便躲藏起来。马克思表现得非常镇定，告诉闯进来的警察他们要抓的人并不在报社。

警察们也没仔细搜查，只是下令《新莱茵报》立即停刊，就离去了，却在外面对报社监视起来。

报社被监视，全城又戒严了，形势十分危急。马克思决定让恩格斯等人到外地避一避风头，如果被抓住，一定会长期或永远被驱逐出境，甚至被投进监狱。

恩格斯毫无畏惧，他对马克思说：

"我不走，我要留下和你继续战斗！"

他好朋友维尔特却坚持让恩格斯走，说：

"反动政府对你恨之入骨，你是他们最想抓的人，你要被捕必有生命危险！"

沃尔弗也说：

“以卡尔现在声望，反动政府不敢轻易动他！你作为卡尔的主要助手，他们抓你，正是要重重打击卡尔！”

马克思向恩格斯伸出大手，说：

“这决不是退却，我们斗争决不能逞一时之勇。多保重，经常写信。”

恩格斯紧紧握住马克思的手，说：

“你们也要保重，我们很快就会回来！”

于是，在一个漆黑的雨夜，恩格斯等人秘密离开了科伦。

警察几次到报社搜捕未果，于是对恩格斯等人下了通缉令。

恩格斯离开科伦后回到巴门，他想在家里悄悄躲起来，可是，还没到家，就发现家附近已经有便衣警察在晃动了。

他只好藏进了祖父古老的空宅里，直到搜捕不太紧时，他才逃离巴门，前往比利时。

碰巧在去往比利时的火车上，恩格斯遇上了同样逃亡的德朗克。

10月4日，两个人一同来到了布鲁塞尔。

当天，他们办理完入境和居住的手续，便找了个旅馆住下了。

可是，刚到半夜，几名警察就闯进房间，不由分说，把他们逮捕，关进了监狱。

坐在冰凉的肮脏的水泥地上，恩格斯说：

“很显然，比利时警方清楚我以前在这里的活动，而且可以肯定，他们也得到了普鲁士警方的通知。”

德朗克说：

“按比利时的宪法规定，我们这样的政治犯可以申请在这里避难！”

但是，他们这一愿望落空了。

比利时当局以他们提出的证据不足为由，拒绝他们政治避难，反而把他们作为“流浪者”驱逐出境。

10月5日，他们被运送囚犯的马车押送到火车站，又用火车运到比利时与法国的边境，在边境上，释放了他们。

他们只得前往巴黎。

10月6日，他们来到巴黎。

这时的巴黎一派死气沉沉，经过六月起义的血洗，这座城市已经伤痕累累。工人们忍饥挨饿，只好把仇恨在心里深藏。

恩格斯不由感叹：

“巴黎已经死了，而这个美丽的死人愈是美丽，就愈显得可怕。”

他不想在巴黎久留，便辞别了德朗克。独自一人前往瑞士。

这时他身上的钱已经所剩无几，如果坐火车，就没有了吃饭钱，他于是决定徒步而行。

就这样，他上路了，开始了长途跋涉的旅程。

尽管他可以趁机饱览美丽的自然风光，也不用再担心普鲁士警察的追捕，但步行的劳累是实实在在的。

而且，由于身上的钱只够吃东西，又不能住旅馆——有时根本碰不到旅馆，他只得住宿在野外或投宿别人家里。

他成了一个真正的流浪汉。

快接近日内瓦时的这两天，他已经是身无分文，只好饿着肚子前行了。

10月24日，恩格斯经过两个多星期的步行，终于来到了日内瓦。在日内瓦他没有亲友可以借钱，便把大衣送进了当铺。

钱到手后，立即给科伦的马克思写了封信，让马克思尽快给他寄些钱来。

信寄出之后，他才用面包把自己的肚子填满。

很快，马克思给他回了信，告诉他钱已经给他寄来，并告诉他一个好消息：《新莱茵报》经过他们的斗争，又复刊了。

然而，不知什么原因，马克思寄来的钱迟迟不到。

恩格斯典当衣服的钱已经花光了。

他只好求助当地的工人组织，得到了救济。

出乎恩格斯意料，不久，竟收到了家里寄来的钱，又收到了父亲的亲笔信。

父亲告诉恩格斯，父亲知道警察搜捕他后，十分担心，就去科伦的报社打听他的消息，在马克思那里知道了他悲惨境况，才给他寄信，寄钱来。父亲还劝说他脱离革命，早点回家，他可以花钱收买警方撤销对他的通缉令。

恩格斯在这样的境况下收到父亲这封温暖的信，说不感动是骗人的，他更深深体会到母亲说的话，父亲心里是爱他的。

然而，他革命的信念一点都没动摇。

他用父亲寄来的钱偿还了当地工人组织对他的救济，取出了典当的衣服，并找了一个不错的旅馆住下来，开始为《新莱茵报》写文章。

父亲来信不久，母亲又来信了。母亲在信中说：

> 《新莱茵报》已经发表声明，即使你回去，他们也不再接受你参与工作了。你现在应该清楚，你的朋友都是些什么人了，你从他们那里还能期望得到些什么？

恩格斯感到很意外，母亲从来不是乱讲话的人。他立即给马克思写信，询问此事。

马克思在11月中旬回信时说：

> 至于你们的编辑职务，我这样做了：一是在报上声明，编辑委员会原有成员不变；二是向那些愚蠢而反动的股东们声明，他们可以不把你们看作编辑人员，但我有权随意付出我要给的稿费！所以，他们在金钱上将丝毫占不到便宜。弗雷德，不要去听那些不真实的流言，我怎么能丢开你不管呢！哪怕是一会儿，那也是纯粹的幻想，你永远是我的最知心的朋友，正像我希望的我是你的最知心朋友一样。

恩格斯在收到这封信后，又收到了马克思给他寄来的一笔钱。

恩格斯收到马克思的信后，给家里写了一封信，驳斥了父母对马克思的怀疑。

母亲再给他来信时，便不再提及他和马克思之间的事，只是叮嘱他在生活上多照顾自己。

恩格斯在接下来的时间里，一边不断地给《新莱茵报》写文章，一边与当地工人组织和民主组织取得了联系。

他在洛桑还参加了工人联合会。

12月初，洛桑工人联合会委托恩格斯为代表，去参加在伯尔尼召开的瑞士工人联合会和德意志民主民族联合会分会的第一次代表大会。

伯尔尼代表大会于1848年12月9日召开，出席大会的有各州的十个工人联合会的代表。恩格斯参加了联合会章程的起草工作。

在这次大会上，恩格斯还当选为瑞士德国工人联合会中央委员，并担任中央委员会书记。

1849年1月，恩格斯接到马克思的信，得知科伦的形势不像以前那么紧张了。他于是决定立即返回科伦。

戏剧性的相遇

1849年3月28日，法兰克福议会通过了德意志帝国宪法。

尽管这部宪法很保守，但它主张国家统一和保障人民的基本权利，因此人民群众把帝国宪法看成是革命的象征。

可是德意志各邦的封建统治者却拒不接受这部帝国宪法。

普鲁士国王也拒绝接受帝国皇位，并把给他送去的皇冠说成奴隶所戴的锁链圈，戴上它，就会变成革命的奴隶。

封建反动势力的这种做法和他们对革命运动的镇压激起了普遍的愤慨，全德境内立即掀起了一场维护帝国宪法的运动。

1849年5月，护宪运动发展成为一场声势浩大的武装起义。

5月3日，萨克森首府德累斯顿，首先燃起了起义的战火。

随后，德国西部和西南部的佐林根、杜塞尔多夫、巴登、普法尔茨和爱北斐特也爆发了起义，资产阶级民主派甚至在一些城市夺取了政权。

马克思和恩格斯在密切地注视着局势的发展，并通过《新莱茵报》及时地对各地的运动给予指导。

5月10日，恩格斯听说爱北斐特爆发起义 他再也坐不住了，立即离开科伦奔赴前线，途经佐林根时，他把工人们送给他的两箱子弹带到了爱北斐特。

在爱北斐特，恩格斯向安全委员会汇报了科伦的情况，并表示接受安全委员会的调遣。

他说：

“我只希望进行军事方面的活动，而根本不想涉及运动的政治方面。因为非常明显：目前在这里，运动只能在黑红黄三色旗下进行。”

5月11日，安全委员会直属军事委员会授权恩格斯检查城内全部街垒，并指导建筑防御工事。

5月12日，军事委员会又授权恩格斯自行斟酌安装大炮。

恩格斯充分展示了他的军事才能，圆满完成了军事委员会交给他的任务。

同时，他几次参加了高级军事会议，对新的防卫部署计划提出自己的意见。

他还对军事委员会建议，聘请退役的前普鲁士炮兵军官米尔巴赫担任城防司令。他的这个建议得到一致通过。军事委员会还委派他担任米尔巴赫的副官。

这一天，恩格斯一身戎装，身披红色军官肩带，英姿勃勃地来到连接爱北斐特和巴门的哈斯佩列尔桥上。

他是来检查桥上修筑的防御工事。

突然，一个士兵跑来报告：

“长官，有一个人非要从这桥上通过，不遵守桥上禁行的规定。”

恩格斯说：

“你们没告诉他这桥上在修筑工事吗！让他滚远点！”

士兵说：

“可那人非常强横，要见指挥官，好像很有来头。”

恩格斯说：

“好吧，让我去见见他。”

便跟士兵向桥的一头走来。

等来到桥头，看见这个“强横”的要过桥的人时，恩格斯傻眼了。

这个人赫然是他的父亲、老恩格斯老板。

他知道父亲这是要去教堂。

那个士兵竟没注意父子异样的神情，对老恩格斯说：

“这位是我们司令副官，你有什么话对他说吧。”

老恩格斯气恼地哼了一声，对恩格斯说：

“上帝可以宽恕你，我决不宽恕！”

大步向桥上走去。

士兵想追上拦截，被恩格斯叫住了。

恩格斯对士兵说：

“看在他对上帝虔诚的份上，让他过去吧。”

恩格斯当上了司令副官，本想可以在战场上大显身手。

但他这一愿望很快落空了。

由于他以前在爱北斐特活动的影响，资产阶级对他深感恐惧。

这次又见他当上了司令副官更是恐慌不安，就散布谣言说恩格斯一夜之间，就会用红旗取代三色旗，宣布成立红色共和国。

在资产阶级的巨大压力下，安全委员会决定让恩格斯离开爱北斐特。他们对恩格斯解释说，他的存在可能引起一些人对运动性质的误解。

于是，恩格斯只好又返回了科伦。

他刚返回科伦，马克思就收到了科伦当局发布的驱逐令。限马克思二十四小时内离境。

次日，科伦警察局发布了对恩格斯的通缉令。

这样一来，《新莱茵报》只好被迫停刊了。《新莱茵报》停刊之后，马克思和恩格斯很快也分开了：

马克思决定去巴黎，以求得法国民主派对德国革命的援助。

恩格斯决定去战火纷飞的普法尔茨，投入战斗。

战友惜别

1848年6月初，恩格斯来到普法尔茨。

他原想作为一名普通士兵参加战斗，可在这里见到了共产主义者同盟中央的领导人莫尔。

莫尔介绍他认识了起义军司令维利希。

维利希任命恩格斯为他的副官。

在这个起义军团中，还有许多共产主义者同盟的盟员，他们都是最勇敢的战士。

由于巴登和普法尔茨护宪政府屡失良机，起义军在战场上一直处于被动挨打的地位。

恩格斯几次参加战斗，都是在敌强我弱的情况下进行的。尽管起义军英勇作战，可还是以失败告终。

几次战斗下来，起义军已经死亡惨重，莫尔就是在最后这次战斗中光荣牺牲的。

恩格斯根据整个护宪战争的形势分析，再苦战下去，也是孤掌难鸣，无力回天了。为了不使全军覆没，他建议向瑞士撤退，保存实力。

维利希非常赞同恩格斯的意见，决定向瑞士撤退。

恩格斯自告奋勇担任后卫，负责掩护大部队转移。

1849年6月29日，部队在撤退途中与普鲁士军队遭遇了。

恩格斯带领战士们利用地形优势进行阻击普军。

战斗非常激烈，普军为追上起义军并把起义军全部吃掉，不惜一切代价向阻击他们的阵地狂攻。

恩格斯带领战士们浴血苦战，打退普军一次又一次冲锋。

在普军后续部队到来后，形势对起义军更为不利。

面对数倍以上的普军的疯狂进攻，起义军坚守不退，也付出了惨痛代价，一天下来，一百多人剩下的还不到三十人。恩格斯见坚守了整整一天，知道维利希带领的大部队已经安全了，这才下令准备撤退。

天黑后，他们带上受伤的战友，趁敌军进攻间隙，借夜幕掩护悄悄地撤出阵地，转移到一片密林中隐藏起来。

一天一夜过后，知道普军已经远去，他们才追赶大部队，奔来瑞士边境。

终于在边境与维利希率领的大部队会合。

维利希激动地握住恩格斯的手，说：

“谢谢你！你文章写得好，在军事上还这么能干！”

恩格斯却面带伤感地说：

“还是感谢那些牺牲的战友吧，他们才是最值得我们尊敬的。”

7月12日，这支普法尔茨最后一支队伍越过国境，进入瑞士境内，十二天后，到达瑞士的西南部。

根据瑞士政府的安排，驻扎在日内瓦湖北岸的莫尔日。一安顿下来，恩格斯立即给巴黎的朋友写信询问马克思的情况。因为他听到消息，说马克思已经被捕了，他在战斗期间看不到报刊，无法判断这消息的真假。同时写了给马克思的信，让马克思在巴黎让朋友转交，因为他不知道马克思的新地址。

8月中旬，恩格斯收到了家里和妹夫寄来的钱，他离开营地，到洛桑租了房子，开始写《德国维护帝国宪法的运动》一书。

可是，这部书还未写完，恩格斯就接到了马克思让他去英国的信。

马克思在信中告诉恩格斯，他又被法国驱逐了，他想去瑞士，可法国不给他护照，他只能去伦敦。他让恩格斯速去伦敦协助他创办德文杂志。

于是，恩格斯在9月初向瑞士提出去英国的申请。

瑞士批准了他的申请。

可是，他不能经德国或法国前往英国，就只好绕道意大利和地中海。这么一绕，他来到伦敦时已是11月10日了。战友重聚固然让恩格斯高兴万分，但马克思一家极度的贫困也让他非常难受。

恩格斯也没有多余的钱办杂志，他和马克思商量后，决定还是采取征集股份的办法。

经过不懈的努力，1850年3月，他们创办的《新莱茵报——政治经济评论》月刊终于出版了。

这本杂志成了他们总结欧洲革命的历史经验，进一步阐述科学共产主义理论的阵地。

1850年夏天，恩格斯和马克思遇到了十分严峻的挑战，他们开始与共产主义者同盟中的分裂分子做斗争。

夏天之前，他们一度相信新的革命很快就会来到，可经过研究，他们否定了这一结论，认为资本主义正处在繁荣发展阶段，任何阻止资本主义发展的企图都会失败。所以，资本主义世界中暂时不会爆发革命。

根据这一结论，共产主义者同盟必须改变其战略和策略，要注重于为未来的革命长期地聚集力量，而不是马上就实施革命行动。

但他们的意见遭到了尖锐的反对，反对派公开叫嚷新的革命即将来临，要为发动革命夺取政权作准备。甚至扬言要建立一个全欧共和国。

而反对派的集团领头人正是恩格斯在战场上的战友维利希和马克思多年好友沙佩尔。

他们在同盟中央改组时都被选为中央委员，而且身边有许多追随者。

马克思和恩格斯对沙佩尔和维利希进行劝说教育，让他们放弃革命冒险计划，但这两个人不仅不听劝告，反而指责马克思和恩格斯立场不坚定，背叛了革命事业。

由于谁也说服不了谁，中央委员会分裂成两大派，不断发生激烈的争吵。

马克思和恩格斯的忠实拥护者施拉姆甚至为此与维利希进行了一场

决斗。

恩格斯试图制止决斗，却未成功。

决斗结果，施拉姆头部受伤，差点丧命。

1850年9月15日，同盟中央召开非常会议，会议上马克思针对分裂的情况，提出了三点解决问题的意见：

一是中央委员会由伦敦迁至科伦；委托科伦区部建立新的中央委员会；

二是共产主义者同盟章程宣告无效，委托新中央委员会草拟新章程；

三是撤销以前的伦敦区部，设立两个各自独立的区部，二者互不隶属，但都同属于一个党。

这样，既与维利希等人分道扬镳了，而又不致引起同盟的彻底分裂。

马克思和恩格斯都知道这不是最终解决问题的办法，只是权宜之计。

与同盟内的分裂势力斗争之后，恩格斯终于做出了他艰难的决定：

重新回到商界去。

他做出这样的决定完全是不想让贫困把他和马克思一家都毁掉。

他知道，只有他回到商界，在经济上帮助马克思，才能使马克思继续他的理论研究。

在恩格斯的说服下，马克思忍痛接受了他这一牺牲。

正如后来有人评说的那样，恩格斯做出这样的牺牲和马克思接受这样的牺牲，都同样需要崇高的精神。

1850年深秋的一天，雾锁伦敦。

马克思和恩格斯在火车站惜别；也曾经历过多少次相聚又别离，而唯有这次他们感到心情好沉重，好沉重。

父子相聚

恩格斯在决定返回商界后，给父亲写了一封“悔改”的信，父亲很高兴，欢迎他“迷途知返”，让他在美国的纽约和印度的加尔各答任选一处去经商。

恩格斯知道父亲还没有对他完全放心，这样安排几乎和流放差不多，就写信对父亲说他只能去曼彻斯特，不然就不准备返回商界了。

父亲看儿子跟他来硬的了，只好做出让步，同意恩格斯去曼彻斯特经商。

恩格斯坚持到曼彻斯特，一是便于和马克思联系，二是曼彻斯特有他幸福的家庭。

恩格斯与马克思惜别后，便来到曼彻斯特见到了日夜思念的爱妻玛丽。

自从上次在布鲁塞尔分别，两个人已经有四年多没见面了，可从未中断过书信联系，鸿雁传情，两个人的感情一直这么炽热如火。

见到玛丽时，又见到了玛丽的妹妹莉迪娅。

莉迪娅比玛丽小六岁，今年已经二十三岁了。她聪慧、开朗，像她姐姐一样善良和俊秀。自从上次来姐姐家看家，就一直与姐姐相伴，她已经习惯了曼彻斯特的生活，在纺织厂里成为一名女工。

“你可真狠心，这么长时间也不回家看看。我姐姐只能一遍遍看你的信，都快看烂了。”

莉迪娅一见面就为她姐姐抱不平了。

玛丽急忙说妹妹：

“你别怪弗雷德了，他的信你不是都偷着看了吗，你说他那种情势怎么回来呀！”

莉迪娅脸腾地红起来，跺着脚，对姐姐说：

“谁偷看他的信了……”

玛丽笑起来，说：

“你还嘴硬！”

莉迪娅也笑了，说：

“人家不是担心你吗！想知道他都对你说了些什么！还以为他……”

恩格斯笑起来，说：

“还以为我抛弃了你姐姐？不，决不会，我们的生命已经结合在一起了。你想我会轻易抛弃我的生命吗！”

尽管恩格斯是这样爱自己的妻子，爱这个漂亮的温馨的小家，可他不得不另外再找个住处。那个住处是他作为商人应酬的需要，他要在那里以单身汉的姿态接待来宾和他的家里人——那完全是给别人看的。

生活上是这样，而工作上他也是“一分为二”：在公司办事处，他作为一个资本家和一个大商人出现；一离开商界立即投入到革命理论研究，或者和革命朋友交谈。

所以，他一回到商界，就过起了“双重生活”。

虽然有时候，恩格斯不能回家，可玛丽并不怪他。

她理解丈夫，知道丈夫不像别的有钱人那样不检点，他在外面另找住处只是为了商场上的应酬，为了让这个小家更安宁。

限于经济条件，恩格斯初回曼彻斯特，另外租的房子并不太好，不过住房里还是准备了上等雪茄和高级香槟等一些待客的体面的东西。

1851年6月，恩格斯的住房有了改善，因为“财神爷”——老恩格斯来到了曼彻斯特。

老恩格斯对这个大儿子始终是放心不下。

他怕大儿子以回来经商为由从他手里“套”钱，一开始只给恩格斯每年200英镑的交际费和生活费。老恩格斯精明到家，这200英镑用于恩格斯生活和交际足够，但也剩不下多少去干别的。

恩格斯在公司没薪水，这200英镑除了维持他和玛丽的基本生活，每月还得节省一些给马克思一家寄去。

老恩格斯此次来曼彻斯特，主要是看看大儿子是不是三心二意地在经商。另外也想指导一下公司的运营。

恩格斯用豪华的马车把父亲接到他的住处，献上雪茄和香槟酒，说：

“爸爸，你看一切都在变，当然也包括人的思想。我胡乱折腾一阵，终于还是回到你给我选择的这条道上来了。”

恩格斯知道，目前他如果不哄得父亲高兴，靠每年200英镑的收入，别想让马克思一家脱贫。而他回来经商的主要目的，不就是要解救马克思一家吗？唉，只好委屈自己了，说点好话吧。

况且，母亲也担心自己会和父亲再起冲突，还来信一个劲儿地劝告，不让自己与父亲谈论政治。

老恩格斯听了大儿子这一番表白，心里很高兴，脸上却仍然没有笑容，说：

“年轻人都常犯一个毛病，不撞墙不回头，好在你回头还不晚，现在我可以天天睡个好觉了；你们兄弟姐妹当中我最看好的就是你，也只有你最让我操心！好了，现在你回到正道上来，这是上帝的保佑，我死而无憾了。”

四处看看房屋，又说：

“换个像样儿的住处吧，要和咱们家族的名望相配，不能太寒酸了。噢，这雪茄还不错。”

两天后，老恩格斯在对公司运营情况了解之后，提出一项计划：他让欧门兄弟的老大去管理利物浦的工厂，让恩格斯管理公司，由欧门兄弟的老二协助。

老恩格斯这么计划是想把公司控制在自己手里，另外也可以把大儿子永远束缚在商业上。

欧门兄弟还未表态，恩格斯先表态了，对父亲谦虚地说：“爸爸，我非常感谢你对我的信任，但我回到商业时间并不长，希望你再多给我一段时间锻炼，现在管理整个公司我怕力不胜任。”

父亲听他说的有道理，也就没再坚持自己的意见。

他知道父亲的意图，决不想永远陷在商业的臭泥潭中。

父亲离去后，恩格斯买了一幢别墅独自居住，他并且在父亲给他的买房子款中“克扣”出一些给马克思寄去了。

可是，父亲仍然不多给恩格斯钱，这让他很焦急。

1852年6月，父亲又来到了曼彻斯特。

老恩格斯这次是带着怨气来的，因为公司在1851年—1852年度结算时出现了赤字。而公司亏损的原因主要是欧门兄弟两个人争权夺利造成的。

“我打算终止同欧门家族的合同，这两个蠢驴太让我失望了。”

老恩格斯在大儿子的别墅里踱着步，对大儿子这么说。

恩格斯说：

“没有其他更好的办法了吗？”

老恩格斯想了想，说：

“除非那两个蠢驴走掉一个，由你接管公司。”

恩格斯已想到父亲会这么说，便说：

“不如让他们当中的一个主持公司，我当助手。等我全面熟悉和掌握了公司业务，再接管。”

老恩格斯点了点头，说：

“好吧，你就作为我们家族驻公司全权代表，并兼任总助理。他们不同意我的决定，就终止合同。”

经谈判，欧门兄弟同意了老恩格斯的决定：老大退出企业，到别处经商，老二留下主管公司，恩格斯成为家族全权代表兼任总助理。

恩格斯在公司有了权力，同时意味着他收入的增加。

他终于看到让马克思一家脱贫的希望。

啊，友谊

恩格斯一面要经商，与那些厌烦的大小商人打交道，另一面还要进行语言学、军事学和自然科学的研究。

在1851年8月到1852年9月，他还要抽出时间为马克思“代笔”写文章。

事情是这样的：1851年夏天，美国《纽约每日论坛报》的编辑邀请马克思为该报的特约撰稿人，马克思考虑到能有点稿费收入就答应了，可他正从事政治经济学研究工作，根本抽不出时间为该报撰稿，只好写信向恩格斯求援。

恩格斯答应了，并很快写出了连载论文《德国的革命和反革命》的第一篇。

这组论文共十九篇，全部出自恩格斯的手笔。在该报上发表后，是署马克思的名字，稿费由编辑部直接寄给了马克思。

此后，马克思还请恩格斯就军事和其他问题撰写文章。据统计，以马克思的名义在这家报纸上发表的论文中，大约有一百二十篇是由恩格斯撰写的。

这件事当时并没有人知道，恩格斯对谁都没提过，后来直到他和马克思的信件公开后，人们才知道这件事。

马克思和恩格斯虽然不经常见面，却用书信保持着密切的往来和联系，来往伦敦与曼彻斯特的书信，有时一天一封甚至一天两封。据后来保留下来的两个人在这段时间的通信就有一千三百多封。

有一次恩格斯商务缠身，一连三个星期未顾上给马克思回信。马克思急坏了，在信中询问说：

亲爱的恩格斯：你是在哭还是在笑？是在睡觉还是醒着？最近三个星期，我往曼彻斯特寄了各种各样的信，却没有收到一封回信。但是我相信都寄到了。

19世纪40年代的伦敦

同样，如果几天收不到马克思的信，恩格斯也会着急。一次，他就写信问：

老摩尔，老摩尔，大胡子的老摩尔！你出了什么事，怎么听不到你一点消息？你有什么不幸，你在做什么事情？你是病了？还是陷入了你的政治经济学的深渊？还是你已任命了小杜西做你的通信秘书？还是别的什么？

恩格斯给马克思要经常寄钱：开始时，他每年从200英镑的生活费和交际费中挤出几十英镑给马克思。

等恩格斯的收入增加后，他寄给马克思的钱也随之增加了。几乎每个月，甚至每星期，都有一张1英镑、2英镑、5英镑或10英镑的汇票寄到伦敦。据后来统计，从1851年到1869年马克思总共收到恩格斯的汇款3121英镑。

这在当时是一笔可观的巨款，还不包括恩格斯当面送给马克思的资助。

马克思对恩格斯的无私奉献，十分感动，对两个人的友谊也给予了很高的评价。他曾经在给恩格斯的信中说：

亲爱的朋友，在所有这一切情况下，比任何时候我更感觉到，我们之间存在的这种友谊是何等的幸福。你要知道，我对任何关系都没有做过这么高的评价。

1855年4月，马克思八岁的儿子病逝了。马克思一家陷入了巨大的悲痛之中。

马克思给恩格斯写信说：

简直无法形容，我们怎能没有这个孩子。我已经遭受过各种不幸，但是只有现在我才懂得什么是真正的不幸，我感到自己完全支持不住了……在这些日子里，我之所以能忍受这一切可怕的痛苦，是因为时刻想念着你，想念着你的友谊，时刻希望我们两人还要在世间共同做一些有意义的事情。

为了减轻马克思夫妇的丧子之痛，恩格斯盛情邀请他们到曼彻斯特来换一换环境。

马克思夫妇于是来到曼彻斯特，在恩格斯家里住了三个星期。在恩格斯夫妇的安慰、照顾下度过了他们一生最痛苦的日子。

1855年秋天，马克思为了躲避债务，并有一些理论上的问题与恩格斯交流，来恩格斯家又住了三个月。他们约来沃尔弗（1853年来到曼彻斯特）和维尔特，四个好战友把酒谈笑，共论天下，度过了美好的三个月时光。

恩格斯经常到马克思家去过圣诞节和新年。他去欧洲大陆旅行或经商时，也尽量路过伦敦在马克思家逗留几日。

马克思家的孩子都把恩格斯视为第二父亲，她们常在马克思给恩格斯的信中写上几句俏皮话，或画上一张画。

1857年5月，恩格斯因过度劳累病倒了。

马克思立即来信，劝他去疗养 。

恩格斯于是由玛丽陪着，先到利物浦附近的滑铁卢镇，后又去了泽稷岛和威特岛。

马克思一直关注恩格斯的病情，甚至放下正在研究的政治经济学，研究了一段时间医学，想帮助恩格斯找到有效的治疗方法。

1857年10月，马克思来到威特岛探望恩格斯。

这时，恩格斯的病情已经见好，两个人在黄昏的海边散步，交谈。

马克思带给恩格斯一个坏消息：

他们的好朋友维尔特去世了。

“什么时候？”

恩格斯停住脚惊问。

马克思说：

“去年7月30日去世的，在海地，是被黄热病夺去的生命。”

恩格斯叹了一口气，说：

“他总是幻想着西印度群岛的热带风情，没想到却死在那里。人的生命有的时候真的很脆弱，所以我想，当拥有生命的时候更该多做一些事情。”

他转身面对大海，又说：

“当我的生命结束那天，我要让人们把我的骨灰撒到大海里，假如我真的有灵魂，就变成一只海燕，在天与海之间自由自在地飞翔。”

显然，恩格斯为好友维尔特的去世，感到了忧伤。

亲情·遗产

1860年，恩格斯已经四十岁了，正值精力充沛的壮年。这时候他身体很强健，自从1857年大病之后，他就开始注意锻炼身体了，因为他知道，拥有生命才能拥有一切。

为了让他注意身体，母亲曾经开玩笑地告诉他，不要喝太多的啤酒和红葡萄酒，免得将来变成一个英国人式的大红鼻子。

1860年3月中旬，恩格斯得到父亲病重的消息，他决定立即回国。

然而，由于他在1848年革命期间的活动，普鲁士当局对他的通缉令还未撤销，他不能进入德国。

他心情十分焦急，为此吃不下饭，睡不着觉。直到3月22日，家里那边一切都办妥了，才动身返回巴门。

可是晚回来一步，父亲已经逝世两天了。

他能回来，是母亲和兄弟们，包括在王宫里担任牧师的舅父接连向当局提出申请，要求给他两个星期的回家权利，才获得内务大臣的批准。

见到静静长眠的父亲，恩格斯不由痛哭失声、泪如雨下。

他不会忘记父亲说的话，在兄弟姐妹中父亲最看好他，可他最让父亲操心。

他不会忘记，从懂事起，自己就经常受到父亲的训斥，可自己从来都没无条件地服从过。

他不会忘记，每次自己回到家，虽然父亲依旧板着脸，却在眼神中流露出喜悦。

他不会忘记，母亲曾经对他说过的话，父亲其实在心里是爱他的。

然而，父亲匆匆地走了，不会再为他操心，也不会再训斥他，也不会在心里默默地爱他了。

处理完父亲的后事，母亲又卧病在床了。

恩格斯日夜陪伴在母亲床边，安慰着母亲，他要把对父亲的爱加倍地回报在母亲身上。

但母亲是个明白事理的人，催促他说：

“你还是快点回去吧，你父亲这一走，对咱们英国的生意很不利啊。我没什么大病，不用你总在家陪着，况且还有你弟妹他们。”

恩格斯就说：

“我回去处理完生意上的事，再回来陪你。”

于是，他匆匆返回曼彻斯特，想与欧门兄弟的老二哥特弗利德谈判。

母亲派他兄弟埃米尔协助他谈判，与他同时来到曼彻斯特。

母亲的打算是继续经营这家公司，并有意保护恩格斯成为这家公司的继承人。

但英国的法律规定，一个股东去世后，他的继承人不能立即在公司得到继承权。那么，在这段时间，公司的一切就要由欧门老二来决定。

经过谈判，最后双方达成协议，并签订了新合同：恩格斯从父亲在德国的恩格耳斯基尔亨的企业中拨出一万英镑的资本给欧门——恩格斯公司，他继续留下来担任公司的职员，并分取一定红利，四年之后成为公司的股东。

5月份，恩格斯又返回巴门，从12日到25日，一直护理患病的母亲，直到母亲病好，他才返回英国。

在5月回巴门时，恩格斯从母亲的话语中听出了母亲的担心，怕在对待遗产上他与弟妹们闹不愉快。

在弟妹们眼里，他对家族事业毫无贡献，而且又总惹父亲生气。

果然，1860年底，弟妹们联合起来提出让恩格斯放弃德国恩格耳斯基尔亨公司的遗产。

他妹妹玛丽亚早就看出他经商的真正意图，并给他写信说：

在我们看来，目前你极想成为一名商人只是为了使你的生活有个着落，但是，一旦你认为形势对你的党有利，你就又会放弃经商，又为你的党去工作了；总之，你没有兴趣，也不愿意成为商人，更不打算终身经商。

弟妹们认为，他如果拥有了大笔的遗产会毫不犹豫地投入到他为之献身的“党”上，所以宁可剥夺他部分的遗产继承权。

1861年初，妹妹玛丽亚和弟弟埃米尔来到曼彻斯特，专门就遗产的事情和恩格斯谈判。

“大哥，我们是作为家族所有成员的代表来找你的。我们的意见就是家族所有人的意见。”

玛丽亚开门见山，说得毫不客气。

埃米尔说话较为温和：

“大哥，我们考虑到你今后的生活，认定你有权继承欧门公司的遗产，你很快就会成为他们的合股人，而且从恩格耳斯基尔亨拨来的一万英镑也属于你所有。”

玛丽亚又说：

“我们并非没有亲情，是不想让父亲辛辛苦苦挣来的钱，通过你的手流入到别人腰包。”

恩格斯静静地抽着雪茄，这时才问：

“你们说完了吗？”

玛丽亚说：

“我们带来了契约，并且复制了八份，咱们兄弟姐妹人手一份。你要是同意放弃恩格耳斯基尔亨的遗产，就签个字。”

“好吧，我签字。”

恩格斯签署了这份契约。

他又给母亲写了封信：

亲爱的妈妈，为了你，我克制住了这一切以及许多其他事情。世上的任何东西都丝毫不能使我让你在晚年因家庭遗产纠纷而黯然神伤，我愿意做出牺牲顺着你的愿望来解决这一切。

因此我也不想多说什么，就签署了这个文件。决不让这样的问题再烦扰你，惊动你。我不会为此生弟妹们的气，甚至不愿意再对他们提起这件事。

我认为这件事算结束了，我也不打算夸耀我认为我所做的牺牲。我知道在每次谈判的时候，你也总是想到了我，并且为我做了你所能做的一切。

在另一封信中，恩格斯说：

我还会有成百个别的企业，但是我永远不会有另一个母亲。

爱的续曲

父亲的去世和家庭遗产的纠纷，对恩格斯打击很大，当他刚刚从这些打击中振作起来时，新的更大的打击又降临到了他身上。

1863年1月6日夜里，恩格斯的夫人玛丽·白恩士因心脏病发作病逝于睡梦之中。

恩格斯当晚住在他的别墅，当莉迪娅把这一噩耗告诉他时，他并未相信这是真的。

他和莉迪娅回到家，企图唤醒长眠的爱妻，但是，爱妻没有回答他那一声声泣血般的呼唤，他知道，爱妻真的匆匆地舍他而去了。

人的生命为何这么脆弱？

美好的东西为何都这么短暂啊？

恩格斯悲痛欲绝，他感到了可怕的阴冷孤寂。

他立即写信向马克思倾诉了自己的不幸，他急需要朋友的支持和慰藉。

然而，马克思没有写信来。

一天，两天，三天，四天……

为什么？马克思为什么不写信来？难道他就这么吝啬自己的只言片语？

恩格斯更加痛苦，他又给马克思写了一封措辞严厉的信，说：

我的一切朋友，包括相识的庸人在内，在这种使我极其悲痛的时刻对我表示的同情和友谊，都超出了我的预料。而你却认为这个时刻正是表现你那冷静的思维方式的卓越性的时机。那就听便吧！

然而，很快，恩格斯知道错怪了马克思。

他终于收到了马克思的来信，同时是两封，一看信才知道，第一封信马克思早就写好了，却没有钱邮寄；直到收到他第二封信，才不得不托他们的朋友，把两封信一同给他寄来。

马克思在信中，代表他的全家对恩格斯的不幸表示慰问，说他们觉得就像自己最亲近的人去世一样，感到十分悲痛……

恩格斯释然了，他立即给马克思写信，对自己错怪了马克思表示歉意，还说：

“我感到高兴的是，我没有在失去玛丽的同时再失去自己最老的和最好的朋友。”

尽管得到了马克思的安慰，恩格斯因丧妻之痛，在料理完爱妻的后事后，还是病倒了。

他感到自己仅余的一点青春也已经随同爱妻一起埋葬掉了。

病中，他不吃不喝，却经常看着爱妻的遗像发呆。

这让护理他的莉迪娅又焦急又伤心。

一天夜里，恩格斯喊着爱妻的名字在梦中惊醒了，在床边的莉迪娅握住了他的手，说：

“弗雷德，我在这儿，我在这儿！”

恩格斯清醒过来，认出床边的人是莉迪娅，就松开手，叹了口气，说：

“我现在真希望有天国，那么玛丽一定在那里……”

“弗雷德！”

莉迪娅突然哭喊一声，握住恩格斯的手，把脸贴在恩格斯胸前，说：

“你别总这样了，你知道我有多么伤心吗！你把我当成玛丽好了，我要替她照顾你，这也一定是玛丽所希望的，只因除了我，她不会放心任何人……”

说到这里，已是泣不成声。

在莉迪娅的精心照顾下，恩格斯病终于好了。

在这些天里，他真的把莉迪娅当成了玛丽，有时竟叫错名字，而莉迪娅也欣然接受他叫错。

这一天，莉迪娅陪恩格斯到户外散步。

阳光很暖和，软风中已经在传递春的气息了。

“莉希，我认真地想过了，我想卖了现在的房子……”恩格斯思忖着说。他和玛丽都习惯叫莉迪娅为“莉希”。

莉迪娅急忙说：

“那我住哪儿啊？你不可能让我去别墅，你太无情了，我姐刚走，你就要卖房子！”

说着停住脚，委屈得眼泪快流出来了。

恩格斯笑了笑，说：

“瞧你，我话还没说完呢！我的意思是，这里有我太多的回忆，睹物思人，心情会更沉重，我想另外租套房子……”

“给我住？还是……我们？”

莉迪娅含泪地露出一个羞涩的微笑，却紧张地等候恩格斯的回答。

恩格斯避开莉迪娅的目光，仰望天空那丝悠闲的却是洁白的浮云，说：

“如果玛丽她能够留下遗言，她一定会让我们彼此照顾，她是那样地爱我们，她当然希望我们生活得好，那么，我们还有什么理由非要分开呢！”

“弗雷德！”

莉迪莉轻叫一声，偎进了恩格斯宽大的胸怀，柔声说：

“放心吧，我会像玛丽那样爱你，就算是你们爱的继续吧。”

第二小提琴手

恩格斯和莉迪娅幸福地生活在一起了。

恩格斯在给友人的信中说：

莉希对本阶级的天赋的热爱，对我是无比珍贵的，在关键时刻，这种感情给我的支持，比起“有教养的”、“多愁善感”的资产阶级小姐的细腻和小聪明可以给予的总要多些。

可见，恩格斯对莉迪娅是很满意的。

1864年9月至10月，恩格斯带莉迪娅到普鲁士新占领的什列斯维希等地作了一次长途旅行。

等他们旅行回来，马克思就把一个激动人心的好消息传来：

伦敦发生了在国际工人运动史上具有划时代意义的事件——国际工人协会（第一国际）成立了。

第一国际成立大会是1864年9月28日晚上在伦敦圣马丁堂里召开的。与会者除了英国和法国的工人代表外，还有来自意大利、波兰、德国、爱尔兰的工人代表。人数达到两千多人，会场挤得透不过气了。

马克思被请到主席台上就座，他指定的埃卡留斯代表他本人和德国工人发表演说，经过马克思润色的演讲词，受到了工人们的热烈欢迎。

马克思还告诉恩格斯，他否定了大会原来充满小资产阶级思想和乌托邦思想的《成立宣言》，由他起草了《告工人阶级书》，也就是《国际工人协会成立宣言》。

恩格斯在伦敦的寓所

马克思在起草《成立宣言》时，成功地把革命的原则性与现实性结合在一起，既照顾到各国工人阶级的觉悟水平，又没有放弃科学共产主义的基本原则。

1864年12月，马克思的得意学生李卜克内西到柏林的《社会民主党人报》当了编辑，他请恩格斯为该报撰稿。

恩格斯立即翻译了马克思写的《成立宣言》寄去了。

随后，他又翻译了丹麦民歌《提德曼老爷》，也在《社会民主党人报》发表了。

这首民歌通俗易懂，却寓意深刻：

清晨，天色刚刚放亮，
提德曼老爷就在卧室里穿衣裳，

他穿了一件漂亮的衬衣——
南哈尔德人喜欢这样。

他穿了一件漂亮的衬衣，
又披上绿色的丝绸外衣，
再系好山羊皮靴的带子——
南哈尔德人喜欢这样。

再系好山羊皮靴的带子，
又扣紧镀金的马刺，
他高傲地到南哈尔德去出席司法会议——
南哈尔德人喜欢这样。

他高傲地到南哈尔德去出席司法会议，
一进会场就向自由农讨税，
每张犁要缴黑麦七斗——
南哈尔德人喜欢这样。

每张犁要缴黑麦七斗，
每四头猪要缴一头还得是肥的，
这就激怒了一位老人——
南哈尔德人喜欢这样。

这就激怒了一位老人，
“我们谁也缴不出这样多的捐税，
要缴，咱们先得算算账。”——
南哈尔德人喜欢这样。

“要缴，咱们得先算算账，
任何人都不准离开会场！
南哈尔德人，紧紧地围起来！”——
南哈尔德人喜欢这样。
“南哈尔德人，紧紧地围起来！
不要让提德曼活着跑掉。”
老人第一个上去给了他一拳——
南哈尔德人喜欢这样。

老人第一个上去给了他一拳，
提德曼老爷猛地栽了一个跟头，
提德曼老爷躺在那里血流满地——
南哈尔德人喜欢这样。

提德曼老爷血流满地，
而犁把自由地在黑土地上走来走去，
猪也自由地在森林里吃东西——
南哈尔德人喜欢这样。

恩格斯为这首民歌写了一篇简短的译后记，明确指出了它的现实意义：

这首富有朝气的古代农民歌曲对于德国这样的国家非常合适。因为在德国，有产阶级中封建贵族和资产阶级一样多，无产阶级中农业无产者和产业工人也一样多，或者甚至还要多些。

1865年1月，《社会民主党人报》一连发表了五篇题为《俾斯麦内阁》的社论，肉麻地吹捧俾斯麦的“铁血政策”。

恩格斯看完非常气愤，于是写了《普鲁士军事问题和德国工人政党》一文，对《俾斯麦内阁》给予回击。

这篇文章起初是应李卜克内西之邀，为该报所写，可篇幅超过了报纸容量，只好以小册子的形式在汉堡由迈斯纳出版社出版发行。

这本小册子一出版，立即在德国引起了广泛的反响。在科伦更是非常畅销。

马克思写信对恩格斯说：

“我对你又走上了轨道感到十分高兴。”

由于《社会民主党人报》坚持错误立场，李卜克内西退出了编辑部。

随之，恩格斯和马克思也发表声明，同该报及普鲁士王国政府的社会主义断绝了关系。

恩格斯在经商期间，一直不能在第一国际中担任正式职务，可他却是马克思领导协会的最重要的助手。

在谈到自己的这一角色时，恩格斯打个比喻说：

我一生所做的是我注定要做的事，就是拉第二小提琴，而且我想我还做得不错。我高兴我有像马克思这样出色的第一小提琴手。

制造轰动

1867年4月2日，这一天无论对马克思还是对恩格斯都是不寻常的。

因为这一天，马克思终于写完了《资本论》的第一卷。

当恩格斯获知这一消息后，高兴得跳了起来，他立即给马克思写信表示祝贺：

我一直认为，使你长期以来呕尽心血的这本该死的书，是你一切不幸的主要根源，如果不把这个担子抛掉，你就永不会而且也不能脱出困境。

这个一辈子搞不完的东西，使你在身体、精神和经济方面都被压得喘不过气来。我非常清楚地了解，现在，你摆脱这个梦魇后，会感到自己像换了一个人一样，特别是这世界，只要你一重新投身进去，也就会感到它已经不像过去那样黑暗。

4月10日，马克思离开伦敦，亲自护送《资本论》手稿来到汉堡，与出版商谈出版事宜。

谈判很顺利，出版商决定立即付印，让马克思不要离开，以便及时进行校对。

5月5日，马克思校改完了最后一个印张，这一天正好是他四十九岁的生日。

6月初，马克思又来到曼彻斯特，见到了恩格斯。

马克思一走进恩格斯和莉迪娅的新家，就笑着说：

“我这次来是特意对你们美满的结合，表示祝贺的，也代表我的夫人燕妮和孩子们。如果你们愿意把这当成不错的借口，那我就说句老实话，我实在想来看看弗雷德。”

恩格斯笑着说：

“莉希知道你要来，已经准备了足够的香槟和葡萄酒，当然还有上好的雪茄。”

两个人坐下来，抽着雪茄，呷着葡萄酒，开始愉快的交谈。

马克思说：

“等我回去后，《资本论》的清样也该出来了，我把它给你寄来，你审校一下。我一直认为这个东西是我们两个人的成果。”

恩格斯笑了，说：

“审校可以，但你的东西就是你的东西。不过，我倒有了个想法，这本书出版普鲁士政府也许找不到禁止的借口，因为你书中涉及的全是英国的事情，可是他们会用以前对付我们的著作的老办 法……”

马克思说：

“是尽量保持沉默？”

恩格斯点头说：

“对。所以，我想有必要稍微推动一下有学问的市民和官吏们的热情，可别看不起这小小的手段，为了对付那帮无赖很有必要这样做。”

马克思说：

“你说得有道理。一般大部分学术著作如果没有辅助手段，要发生作用是很迟缓的，而一旦有了这种手段，就会像‘着火’一样产生轰动。”

恩格斯笑了，抽了口雪茄，说：

“你看，为了推动这本书，我是否需要从资产阶级的观点对书进行抨击？这样就可以调动起那帮无赖文人的兴趣了。”

马克思赞赏地点头，微笑说：

“这是个最好的作战方法。”

马克思返回伦敦之后，很快把《资本论》清样寄给了恩格斯，并附信说“可以把要求、批评、问题等等都直接写到清样上”。

恩格斯认真审校，也没客气，针对一些具体问题提出了具体的修改意见。

这些意见后来证实，全部被马克思采纳了。

马克思在最后校改完清样后，给恩格斯来信，说：

> 这样，第一卷就完成了。其所以能够如此，我只有感谢你，没有你为我做的牺牲，我是绝不可能完成三卷书这巨大工作的。我满怀感激的心情拥抱你！

1867年9月14日，《资本论》第一卷正式出版了。

正如恩格斯预料的那样，德国的报刊对《资本论》保持沉默，那些无赖的文人们也装聋作哑。

恩格斯坐不住了，他立即给朋友和战友们写信，动员他们写书评。

他在给朋友的信中说：

> 主要的不在于写什么和如何写，而在于使人们来谈论这本书，使那些无赖文人也不得不来表示对书的看法。应当尽量设法在一切报纸上发表文章，不管这些报纸是政治性的，还是其他性质的，只要他们肯发表就行。既要有长篇书评，也要有短小简评，主要的是要多要经常。

他在另外的信中又说：

> 由于在这种场合下，马克思的手脚受到束缚，而且他像少女一样，所以，正是我们这些第三者，必须来做这件事。”他又说，总而言之，“整个事情就在于‘制造轰动’。

恩格斯不仅动员朋友们写书评，而且亲自上阵，自己撰写书评。

他一共为《资本论》撰写九篇风格不同的书评。

要知道，为《资本论》这样大部头学术著作写书评，本身就不是一件容易事，要写几篇更难，而且这几篇还要让人们看不出来是出自一人之手，这就难乎其难了。

在恩格斯及朋友们书评的“刺激”下，资产阶级的各种报刊再也不能沉默了，纷纷发表了对《资本论》的评论甚至歪曲和抨击——而有一点谁也改变不了：《资本论》就是一部宣告资本主义必然灭亡的伟大巨著。

《资本论》终于引起轰动，并得到了国际上的认可，它被看作是无产阶级的“圣经”。

这时，恩格斯才如释重负，露出胜利的微笑。

他为战友的成就感到由衷地高兴，同时，也看到了自己摆脱商业羁绊的曙光。

战友终于重聚

《资本论》出版之后，恩格斯已决定摆脱这鬼商业，回到战友身边，继续从事喜爱的革命事业。

但这么一大摊子生意，可不是说丢下就能丢下的，况且恩格斯还得安排他和马克思一家未来的生活。

1867年在给马克思的信中，恩格斯说他和欧门老二的合同再过两年就到期了，根据现在的情况，两个人都不想再延长合同时间，甚至分裂的时间还会提前。

果然，1868年的11月底，欧门老二就提前要和恩格斯谈判。

这天，欧门老二让人把恩格斯叫到他办公室，递给恩格斯一杯葡萄酒，说：

“聪明的弗雷德，我的好朋友，你不会不知道我请你来的用意吧？”

两个人坐到大沙发上。

恩格斯呷了口酒，微笑一下，说：

“我想听你说出来，自作聪明可不是什么好习惯。”

欧门老二笑了，说：

“我看你对经商根本不感兴趣，尽管现在没人强迫你了，但你始终把商业看成你的负担，而且你从来都在鄙视商界里的人。”

喝下半杯酒，又说：

“所以，我肯定地认为，你决不会再同意继续我们的合同，对吧？

恩格斯和马克思在一起

我亲爱的朋友。”

恩格斯说：

“你说得对极了，我现在就已经有了要飞的感觉，我并且为这种美好的感觉而激动。”

欧门老二笑了，说：

“哈哈哈！真不错，那么我非常愿意帮助你，让你早日展翅高飞。你看，我们为什么不把结束合同的时间提前呢？噢，我的朋友，你不必立即答复我，也许你需要时间好好考虑一下。”

恩格斯说：

“我不必考虑，我同意提前解除合同。可是，条件呢？”

欧门老二喝下酒，笑了笑，起身在室内踱了一圈儿，然后说：

“我愿意给你提供一笔数目可观的补偿金。而我的条件有三点：一是五年之内你不能经营任何与我们竞争的业务；二是你得允许我们继续使用‘欧门——恩格斯’这一名号；三是你不能再对我们提出任何权利和要求。”

恩格斯想了想，把杯中酒喝干，说：

“好吧，我接受你的条件，那么你准备给我多少补偿费呢？”

突然像想起了什么，又急忙说：

“这是个关键问题，你也可以考虑一下，不必急于回答我。也允许我想一想，看你给我什么数目能接受。”

欧门老二说：

“那么下次什么时间我们继续谈呢？”

恩格斯说：

“我会给你准确的时间，因为我对我们的谈判很感兴趣。”

恩格斯一回到家，立即给马克思写信：

我的朋友，我正准备与欧门老二进行解除合同的谈判，你需要十分准确地答复我两个问题。

一是你需要多少钱才能还清你的全部债务，把你完全解脱出来？

二是你平时的正常开支，每年350英镑是否够用（治病和意外的紧急开支除外），就是说，这样你是否无须借债了。如果不够，请你把需要的数额告诉我。

恩格斯决定用这笔补偿金专门支援马克思，并计算今后五六年每年给马克思350英镑，在紧急情况下甚至还可更多一些；在五六年之后每年可支援至少150英镑。

很快，他收到马克思的回信：

“亲爱的弗雷德：你对我太好了，我十分感动。”

马克思表示，每年350英镑完全够用，只要彻底摆脱债务，就能把家务安排得井井有条。

1868年12月2日，恩格斯与欧门老二签署了结束“欧门——恩格斯”

工作的协议。

协议规定：欧门老二一次性付给恩格斯1750英镑的补偿金；恩格斯则同意五年内不创办与欧门竞争的新企业，并让欧门兄弟继续使用“欧门——恩格斯”公司的老招牌。

按照协议，恩格斯将在曼彻斯特营业所负责行政管理，直到1869年6月30日为止。

另外，协议还规定：恩格斯在结束工作之后，还得在曼彻斯特居住一年时间，以便他的接班人能向他咨询。

这样一来，恩格斯1869年6月30日可以脱离商业，而要真正获得自由还要等到1870年6月30日以后。

1869年6月30日，恩格斯最后一天去营业所上班。他显得特别兴奋，对妻子莉希说：“最后一次了！”

几个小时后他下班回来，挥舞着手杖，唱着歌，欢快得像个大孩子。到家后像过节似的大吃一顿，喝了不少香槟，并对莉希说：

“你看，我已经陶醉了，我终于等到这一天了！”

7月1日，他第一次可以不用去上班了。他就坐在家里写信，让亲朋好友分享自己的快乐。

他在给马克思的信中说：

> 亲爱的摩尔：好啊！从今天起再不搞可爱的商业了，我是一个自由人了！

马克思在回信中表示最热烈的祝贺，还说他为这件事，喝了不该喝的一小杯。

8月10日，恩格斯与欧门老二签署了一项解约协定，了结了双方的业务。然后，他偕同夫人莉希和来他家的马克思小女儿杜西（爱琳娜）到爱尔兰旅行。

上次来爱尔兰是1856年，恩格斯是带爱妻玛丽来旅行的，十三年后，他又带着第二个妻子踏上了这美丽的岛国。

旅行回来，恩格斯就开始整理所搜集的材料，准备写一部爱尔兰史。

1870年2月，恩格斯的夫人莉希就急不可待地要迁居伦敦了。

2月22日，恩格斯给马克思写信说：

我今年夏末迁居伦敦现在已经决定了。莉希说，她想离开曼彻斯特，越早越好。

5月11日，恩格斯在给马克思的信中，委托马克思在他家附近找一所房子，并说房子不要太高，因为莉希有哮喘病，怕上楼梯。

恩格斯要迁居伦敦的消息让马克思一家兴奋不已，马克思夫人燕妮和女儿们立即行动，开始为恩格斯物色住所。

7月12日房子终于找到了。燕妮亲自写信告诉恩格斯，说：

我们找到一所房子，它坐落在非常美丽和方便的地方，因此得到我们大家一致的好评……

恩格斯接到信后，立即动身来伦敦视察他的新居。

新居在瑞琴特公园对面，是一幢伦敦典型的单元式住宅。外表朴实，内部的布局讲究方便而实用：厨房和储藏室设在地下层；一层有两间起居室，宽大明亮；第二层也有两个房间，其中一个大间可用作恩格斯的书房；第三层是休息和会客的地方，有三间卧房。楼前还有一个相当不错的花园。

这幢住宅坐落在浦利姆洛斯山下的绿树丛中，整个环境静谧优雅。

正像燕妮在信中描述的那样：

它实在是太敞亮，太令人喜欢了。几乎用不着走出屋子就可以呼吸到新鲜空气和看到成千上万的人。

恩格斯对新居很满意，最让他高兴的是，他的家距马克思的新居并不远，步行只需一刻钟。

1870年9月20日，恩格斯和夫人莉希以及莉希的侄女艾伦迁居伦敦。

战友终于重聚了！

所有的欢喜都斟进飘香的美酒，饮下的是醉人的友情。

军事专家

在恩格斯迁居伦敦前夕，即1870年7月，普法战争就爆发了。

他不得不停下写爱尔兰史，应邀开始写军事论文。

普法战争是怎么打起来的呢?

原来1867年普鲁士的铁血首相俾斯麦组成北德意志联邦，还有南部四个邦国处于联邦之外。

德意志统一的最后一个大障碍是法国从中阻挠。于是，俾斯麦就准备向法国开战。

而统治法国的波拿巴一心想称霸欧洲大陆，害怕德国强大，就竭力阻挠德国的统一。而且他也想通过发动对外战争，摆脱国内的困境。

俾斯麦摸准了波拿巴急于打仗的心理，于是利用西班牙王位继承问题向波拿巴挑衅。这样，两个都想打仗的人，挑起了这场战争，把千万人投入了血与火之中。

普法战争爆发不久，伦敦《派尔——麦尔新闻》的编辑找到马克思，请马克思以军事记者的分到普鲁士，为该报撰写军事通讯。

马克思认为对军事问题有深刻研究的恩格斯更适合担任这一角色，于是向该报推荐了恩格斯。

并且，马克思也给恩格斯写信，说该报是唯一没有被收买的报纸，也比较有威望，在上面登载文章对战争的进程会有重要意义。

恩格斯却因为普鲁士对他的通缉令，而不能去普鲁士，只能靠搜集到的情报，加以分析写军事论文。

他把这些军事论文，命名为《军事短评》。

他的战争短评有根有据，分析得合理而准确，他的预言往往一两天就能得到印证。

很快，他的文章在伦敦引起轰动，许多报刊争相转载。

恩格斯以《军事短评》为题，共写了五十九篇军事报道。对他的文章，连马克思也说：

“如果战争再延续一些时候，那你很快就会被公认为伦敦的头号军事权威。”

就在恩格斯迁居伦敦时，普法战争仍在继续。

恩格斯是在1870年10月4日当选为国际工人协会总委员会委员的，他可以和马克思在一起工作了。

被选入总委员会不久，他就担负起了总委员会的部分重要工作。

这期间，第一国际总委员会的工作主要是围绕普法战争开展的。

普法战争之后，紧接着巴黎就爆发了革命。

原来，普法战争正如恩格斯预言的那样，以法国战败而告终，波拿巴和他手下的元帅、将军连同十多万官兵成了普军的阶下囚。

俾斯麦却不肯罢手，指挥大军直攻到巴黎城外。

巴黎人民立即组织起三十万国民自卫军，准备誓死保卫巴黎。

但是新成立的“国防政府”，却偷偷地与普军讲和了，签订了屈辱的卖国条约。

最让巴黎人民不能容忍的是，德意志统一后，普鲁士国王竟在法国的王宫凡尔赛宫举行加冕仪式。

3月18日凌晨，国民自卫军与“国防政府”军开战，反动军队和“国防政府”的首脑战败后，逃出巴黎。

3月28日，巴黎公社正式宣告诞生了——这是人类历史上第一个无产阶级专政的新型国家。

恩格斯和马克思一直十分关注巴黎的革命形势。在巴黎公社成立后，他们派遣国际总委员会委员、法国人赛拉叶去巴黎，负责公社与国际之间的联系。

巴黎公社宣告成立

4月8日，正在巴黎的马克思的女婿拉法格致信马克思，希望恩格斯能到巴黎发挥他的军事才能。

正在恩格斯准备奔赴巴黎时，又有最新消息传来：巴黎已被封锁！

而且，马克思又病魔缠身，国际总委会的领导任务几乎全部落在恩格斯身上，使他也无法脱身。

恩格斯根据掌握的巴黎公社的情况，并未像别人那么乐观。他认为巴黎公社的领导人在军事方面还有失误，而且给了反动政府以喘息的机会。未乘胜追击，也留下了后患。

果然，4月初，反动政府军开始反攻，并且得到了普军释放的十几万法军战俘的支援，在5月21日，终于攻入巴黎城内，开始了“五月流血周”。

到5月28日，最后一批公社的战士退到拉雪兹公墓的一堵墙下，全部英勇牺牲。

随着最后枪声的沉寂，轰轰烈烈的巴黎公社革命以失败而告终。

巴黎的硝烟尚未散尽，马克思就抱病写完了著名的《法兰西内战》。

他写这部著作时所需材料，全部是由恩格斯为他搜集、提供的。

恩格斯不仅负责了《法兰西内战》英文出版的工作，为了使国际的各个支部都能尽快看到这一著作，他夜以继日，很快将其译成德文、西班牙文、丹麦文、荷兰文等。

这项任务还未全部完成，他又开始了救助巴黎公社的流亡者，并呼吁成立了“流亡者基金会”。

他的家更是成了流亡者的避难所，他不但大把大把地捐款，还积极为流亡者寻找住处，联系工作，每天都忙到深夜……

他妻子莉希告诉马克思，这段时间，恩格斯常常为了别人不挨饿，而自己却吃不饱。

迎接挑战

巴黎公社失败之后，各国反动统治阶级开始了向工人阶级进攻。

而作为第一国际主要领导人的马克思和恩格斯更是成了资产阶级攻击的目标。

甚至连恩格斯的年迈的母亲，在看到报刊上的流言蜚语后，也信以为真，写信责备恩格斯，并把这一切归咎于是马克思的影响。

恩格斯只好写信给母亲，解除老人家对他和马克思乃至巴黎公社的误解。

家里责备，外面攻击，这时第一国际内部又有人捣乱了。

捣乱的人就是继蒲鲁东之后，无政府主义最典型最坏的代表人物巴枯宁。

马克思在总结巴黎公社的经验教训时，明确指出：无产阶级的革命事业要取得成功，必须建立一个独立的无产阶级政党，并且实行无产阶级专政。

可是，巴枯宁就跟马克思唱反调儿：他认为阶级压迫根源于国家，主张立即废除一切国家和权威，这样无政府的社会就会到来，也就能实现阶级平等。因此，他不相信工人阶级的力量，反对进行政治斗争和经济斗争，更反对建立无产阶级政党。

巴枯宁的阴谋对无产阶级革命运动造成了严重威胁，马克思和恩格斯决定予以批判。

1871年7月28日，恩格斯负责筹备并主持召开了伦敦秘密代表会议，确定了同年9月17日在伦敦召开代表大会。

在代表大会上，恩格斯发表演讲，强烈地抨击了巴枯宁观点，他指出："生活的实践，现存政府——为了政治的和社会的目的——对工人施加的政治压迫，都迫使工人不得不从事政治，向工人鼓吹放弃政治，就等于把他们推入资产阶级政治的怀抱。特别是在巴黎公社已经把无产阶级的政治行动提到日程上来以后，放弃政治是根本不可能的。"

会上巴枯宁的追随者对恩格斯的观点提出异议，受到了恩格斯强有力的批驳。

这次会议巴枯宁没有露面，但他不肯认输，在1871年11月12日，他与自己的拥护者在瑞士另外召开代表大会，并抛出了一个《桑维耳耶通知》，对国际总委会和马克思、恩格斯进行恶毒的攻击诽谤。这是巴枯宁公开闹分裂的一个信号。

对此，1872年初，总委会发布了《所谓国际内部的分裂》的通告，严厉批驳了巴枯宁的种种谬论狂言，彻底揭露了巴枯宁集团的分裂阴谋和罪恶目的。

恩格斯写了一篇题目为《桑维耳耶代表大会和国际》的论文，对巴枯宁集团的《桑维耳耶通告》进行无情的批驳。

1872年9月2日，第一国际代表大会在海牙召开，这次会议的主要目的就是要彻底粉碎巴枯宁阴谋集团。

在会前，巴枯宁叫嚣要在大会上与马克思、恩格斯面对面论战，可是开会时他却未敢露面。

马克思为了协助恩格斯，带病前往海牙，两人并肩战斗，在大会上一举摧毁了巴枯宁阴谋集团的进攻。并使大会做出两项重要决定：

一是将巴枯宁阴谋集团开除出国际；二是把国际总委员会的驻地从伦敦迁至纽约。

迁址的建议是恩格斯提出来的，并得到了马克思的支持。

因为他们知道，在海牙大会之后，第一国际已经完成了自己的历史使命。

1876年7月，第一国际在费城召开了最后一次代表会议，通过了解散总委员会和结束第一国际的宣言。

第一国际宣告解散之后，国际工人运动处于低潮。

马克思和恩格斯获得了相对较充裕的时间从事科学理论研究。

可就在这个时候，又一个强横对手出现了，对他们提出了强有力的挑战。

这个强横的对手就是“狂人”杜林。

能够荣幸地成为马克思和恩格斯的对手，也决不会是简单的人物。

杜林曾获柏林大学法学博士、哲学博士两大学位，还自称精通数学、逻辑学、经济学、物理学四门科学。

在马克思的《资本论》问世后，他就写了《马克思的〈资本论〉政治经济学批判》的书评，把马克思予以否定，说马克思的学说充其量不过是李嘉图的政治经济学的老生常谈。

当时恩格斯和马克思并未拿杜林当回事，因为杜林还是个小人物，就没与他公开论争。

杜林把马、恩的“宽容”当成是“退缩”了，变得更加猖狂。他常以“社会主义的行家”、“社会主义的改革家”和“唯一真正的哲学家”自居，变本加厉地对马、恩二人攻击。

杜林连续抛出一系列的著作，臆造了一个庞杂的折中主义体系，并宣称他的体系是“最后的和终极的真理”。

杜林的假社会主义，对德国工人运动和社会主义运动产生了极坏的影响，甚至像李卜克内西和倍倍尔这样工人党的领袖人物也一度受到杜林的影响。使得德国工人党一大批骨干分子成了杜林狂热的追随者。

杜林更是采取拉拢手段，在他周围形成了一个不小的集团，他被吹捧为“精神领袖”。

但随着杜林对马、恩二人的攻击越来越恶毒而明显，也使越来越多的德国社会民主党人认清了杜林的丑恶嘴脸。

李卜克内西给恩格斯写信，让恩格斯清算杜林，彻底地收拾这个狂妄之徒。

在李卜克内西的反复催促下，恩格斯和马克思商量，说：“我觉得到了收拾杜林的时候了。否则，会让别人认为，对杜林的卑鄙的攻击，我们无可奈何。”

马克思说：“我们对待这些先生的态度，只能通过对杜林的彻底批判表现出来，把杜林的叫嚷打下去了，别人就喊不出声音了。”

笑了笑，恩格斯又说：“看来这个任务就只好由你来完成了。”

由于马克思和恩格斯已进行明确分工，马克思集中精力从事《资本论》第二卷、三卷写作以及其他理论方面的研究，恩格斯承担党务方面的工作。

恩格斯笑了，开玩笑说：“你说得倒好，你可以躺在暖和的床上，研究具体的俄国土地关系和一般的地租，没有什么事打搅你，我却不得不坐硬板凳，喝冷酒，突然把一切都搁下来去收拾无聊的杜林。但是，既然我已卷入一场没完没了的论战，那也只好这样了，反正我是得不到安宁的。”

马克思也笑了，说：“你想怎么对付他？”

恩格斯像是成竹在胸，说：“开始时我将纯客观地，似乎很认真地对待这些胡说，随着对他的荒谬和庸俗的揭露越来越深入，批判就变得越来越尖锐，最后给他一顿密如冰雹的打击。”

马克思赞同地点了点头，说：“很好，我期待着看见在你密如冰雹的打击下，那位杜林先生会是怎样一副可爱的样子。”

在马克思的配合和支持下，恩格斯埋头苦干，从1876年6月到1878年7月，终于写成了一部伟大的著作《反杜林论》。

《反杜林论》像重磅炸弹把杜林的思想体系炸得一片狼藉，支离破碎。

完成《反杜林论》后，恩格斯感到格外轻松，他说：“让我们同我们这个肯定常常是枯燥无味的和令人气闷的题目和气地、高兴地告别吧。”

《反杜林论》成为与《共产党宣言》和《资本论》同等重要的经典著作，是马克思主义发展史上的一块重要的里程碑。

婚礼·葬礼

1878年夏天，莉希的病情急剧恶化，恩格斯停止了一切工作陪伴着妻子。

他在给友人的信中说：

> 只要我们家里稍微安排好了，我就首先带妻子到海边住两星期，使她增进食欲，而我也不致筋疲力尽。如果你看见昨天晚上我是如何铺床的，今天早上是怎样在厨房生火的，你一定会发笑。

这一时期身患重病的马克思夫人燕妮经常强撑病体来看望莉希。在恩格斯夫妇迁居伦敦后，莉希与燕妮相处得极好，就像亲姐妹一样。

马克思也一有空就来看恩格斯，他既担心莉希的病情，又担心老战友的身体，提醒恩格斯不要太疲劳。

并且，马克思夫妇还让他们的能干的管家琳蘅来恩格斯家帮忙，以减轻恩格斯在家务方面的压力。

马克思的小女儿爱琳娜更是每天必到，她以少女的细心和对第二母亲的挚爱帮恩格斯照顾着莉希。

然而，亲人们的呵护和医生的努力，都未能战胜病魔。

莉希和周围的人都明白：她已经走到生命的终点了。

1878年9月11日，当身边只剩下恩格斯时，莉希却提出了一个出乎恩格斯意外的请求：

“亲爱的，我想向你提一个请求……”

恩格斯握住妻子的手，柔声说：

“说吧，不管什么请求，我都会答应你。”

莉希说：

“我和玛丽不一样，我是天主教徒，我不想以不明确的身份去见上帝。亲爱的，你能与我举行一个简单的婚礼吗？我要以恩格斯夫人的身份去见上帝。”

恩格斯尽管不相信上帝，但还是爽快地答应了。

然后，他立即派人通知教堂做准备，并和马克思全家把莉希护送到教堂。

婚礼很简单，牧师以尽量快的速度完成了自己的使命。

婚礼结束后，众人又护送莉希回到家，把她搀进卧室。

众人散去了，留下一对“新人”在床上相拥而坐。莉希苍白的被疾病折磨得清瘦的脸上露出了开心的笑容，说：

“弗雷德，你知道今天我有多么高兴吗？现在，我觉得我是世上最幸福的人了。”

恩格斯说：

“亲爱的，你还是休息一会儿吧，你一定累了。”

莉希乖顺地点了点头，依偎在丈夫的怀里，闭上了眼睛。

她再也没有醒来，安详地幸福地长眠了。

莉希的葬礼却很隆重。

恩格斯在伦敦的朋友们都赶来吊唁。

莉希的去世，对恩格斯的打击是沉痛的，她是他前妻玛丽爱的继续，她的去世，那份珍贵的挚爱也成绝唱。

一连几天恩格斯茶饭不思，这让马克思和他的全家十分焦急和担心。

后来，经马克思劝说，恩格斯才同意与他一同去海边疗养。

疗养回来，恩格斯重新振作起来，又继续进行他的自然科学研究，他要用忘我的工作来转移自己的哀痛。

在曼彻斯特经商时，恩格斯就开始对自然科学进行研究了。迁居伦敦后也没有中断过，就是写《反杜林论》时，他还大量运用了他在自然科学方面的研究成果。

恩格斯一直关注着电学方面的每一次重大突破；在数学方面他十分强调笛卡尔的变数在数学研究中的作用；在他朋友化学家肖莱马的帮助下，他掌握了丰富的化学知识，他还对生物学的各个分支学科如动物学、植物学、细胞学、人类学等进行了广泛而细致的研究。

恩格斯把这一时期的研究成果写进了《自然辩证法》一书。

在《自然辩证法》中，《劳动在从猿到人转变过程中的作用》一文占有非常重要的地位。

在恩格斯之前，无论是达尔文还是赫肯黎都没有解决人类如何由猿演变而来这一问题。

这个问题是由恩格斯解决的，他在《劳动在从猿到人转变过程中的作用》一文中指出，“劳动是整个人类生活的第一基本条件，而且达到这样的程度，以致我们在某种意义上不得不说，劳动创造了人本身。”这样，由猿转变为人的过程中，恩格斯为这种转变搭了一座桥梁——劳动。

《自然辩证法》一书未能最终完成，可它还是集中地反映了恩格斯研究自然辩证法的许多精湛的思想，并对马克思主义理论做出了重要贡献。

痛失战友

马克思的晚年基本上摆脱了贫困，可是由于长期贫困和劳累，又使他晚年疾病缠身。

所以恩格斯不得不经常说服马克思外出疗养，他自己把指导各国工人运动的重担承担下来。

1878年5月11日和6月2日，在德国发生了两起谋刺皇帝的事。

尽管这两起谋杀与社会民主党人毫无关系，可一心想找借口打击社会民主党的俾斯麦却以此为借口，迫使帝国议会颁布了《反社会党人非常法》。

社会民主党面临严峻的考验。

当恩格斯获知社会民主党的领导人李卜克内西企图做出让步时，立即给另一位领导人贝克尔写信，说：

李卜克内西在帝国国会中所表现的不适时的温顺，在欧洲罗曼语区显然产生了很不好的影响，而且在各个地方的德国人中间也造成了很不愉快的印象。

恩格斯主张，一定要与俾斯麦进行针锋相对的斗争，而且不仅要进行合法的斗争，同时也要进行“非法”的、秘密的斗争。

在恩格斯的及时、正确的指导下，德国社会民主党逐渐扭转了不利局面，并对俾斯麦的反动政策进行有力反击，最终取得了胜利。

除了德国之外，恩格斯还对法国、英国、俄国、意大利、西班牙等国的工人运动给予指导。

他还经常把各国的工人运动情况向马克思汇报，征取马克思的意见。

1880年秋天的一天，恩格斯和马克思正在马克思的工作室里谈论最近的工人运动情况，马克思四岁的外孙龙格闯了进来，嘴里喊着：

“别谈了，别谈了，陪我玩儿！”

小龙格是马克思大女儿的孩子，因为大女儿的丈夫也是个革命家，奔波不定，小外孙就经常住在马克思家里。

恩格斯自己没有孩子，他拿马克思的三个女儿就当自己的亲生女儿。他像马克思一样，非常喜欢这个小外孙。

这时，见小龙格闯进来，马克思便笑着说：

“咱们的小开心果又来了！”

握住小外孙的手，又说：

“玩什么呢？要不要听我们给你讲故事啊？”

小龙格摇着头，说：

“不好，不好，我要赶马车！”

恩格斯笑着，说：

“好吧，赶马车，今天只能赶一匹马的马车了。”

于是，小龙格被马克思和恩格斯抱到庭院里，他骑在了马克思肩上，挥动布条拴成的小鞭子驱赶着前面当“马”的恩格斯，在庭院里转圈儿地跑起来。

“驾！驾！”

小龙格笑着，喊着。只要恩格斯一慢点，小鞭子就抽在他的肩上。

跑了十多圈儿，两位老人已经满脸是汗，气喘吁吁了，可小龙格还不肯罢休。就在这时爱琳娜来了，把两位老人从小龙格的鞭下解救出来。

爱琳娜怀里抱着小龙格，对两位老人说：

“刚才医生对我说，我妈的病可能是肝癌。”

马克思一惊，急道：“什么是可能？科学最讲究的是准确。”

后来经过准确的诊断，燕妮患的真是肝癌。

这是不治之症。

1881年6月，燕妮要求再去法国看望大女儿一家，马克思答应了。

恩格斯给马克思的大女儿写信，说明了燕妮的病情：

她的确日见消瘦，并且今天她向我诉说自己日益消瘦并且软弱无力，显然是一种严重的症状，特别是这种症状看来并未停止发展。

燕妮和马克思在大女儿家度过了一段幸福时光，但根据医生的意见，恩格斯和爱琳娜还是写信说服他们回到了家。

1881年12月2日，经过长期病痛折磨的燕妮终于去世了。

恩格斯闻讯赶来，见马克思那悲痛欲绝的样子，知道马克思的心碎了。他是最知道马克思夫妇之间真挚的感情的。而今，燕妮去了，马克思这病躯如何能承受得住这么重的打击啊！

恩格斯和爱琳娜坚持不让马克思参加燕妮的葬礼，他们怕马克思随时也会有生命危险。

12月15日，在海格特公墓为燕妮举行了简朴的葬礼。

恩格斯主持葬礼，并致悼词，对燕妮给予了很高的评价：

“我们现在安葬的这位品德崇高的女性……她的一生表现出了极其明确的批判智能，卓越的政治才干，充沛的精力，伟大的忘我的精神；她这一生为革命运动所做的事情，是公众看不到，在报纸上也没有记载的。

“她所做的一切只有和她在一起生活过的人才了解。但是有一点我知道：我们将不止一次地为再也听不到她的大胆而合理的意见而感到遗憾。

“我用不着说她的个人品德了。这是她的朋友们都知道而且永远不会忘记的。如果有一位女性把使别人幸福视为自己的幸福，那么这位女性就是她。”

丧妻之痛对马克思的打击是极其沉重的，他不得不再次外出疗养 。

恩格斯和医生对此进行了周密的安排。

疗养期间，马克思的病情似乎有所好转，他给恩格斯写信，说：

“我的总的健康状况，据医生说，已大大改善，说我甚至‘发胖’了。”

恩格斯看完信非常高兴，并立即把这好消息告诉了德国党的领导人倍倍尔。

但这只是一个假象，马克思的病情实际上是越来越重了。

1883年1月11日，马克思的大女儿在家里突然病逝，留下了五个未成年的孩子。

这个噩耗对马克思的打击是致命的，他疗养一回到伦敦就卧床不起了。

恩格斯知道马克思随时都会有生命危险，所以一直守候在马克思家里。

1883年3月14日下午两点多钟，恩格斯又来到马克思家，问迎接他的琳蘅说：

“摩尔今天怎么样？”

琳蘅说：

“上午不太好，不过现在安静了，正在打盹儿呢。”

恩格斯和琳蘅来到马克思的房间，见马克思坐在安乐椅上静静地睡着。

但已经是长眠不醒了。

恩格斯忍着悲痛，把这不幸的消息通知了各国工人党的领导人和马克思的生前好友，以及社会主义报刊。

对于马克思的逝世，全世界的工人阶级都在分担着恩格斯的痛苦，在短短的几天 他收到了几十封唁电和唁函：对马克思的逝世表示哀悼，对他表示慰问和同情。

英国的一位工人运动领导人在给恩格斯的信中说：

你的损失不是一般的损失，也不是一种家庭的损失。你对他的友谊和忠诚，他对你的友爱和信赖，使你们之间的兄弟般的关系超过了我所知道的其他人的任何一种关系……

1883年3月17日下午，马克思的遗体安葬在伦敦的海格特公墓，与他的夫人燕妮葬在一起。

恩格斯主持葬礼并致悼词：

“……这个人的逝世，对于欧美战斗着的无产阶级，对于历史科学，都是不可估量的损失。这位巨人逝世以后所形成的空白，不久就会使人感觉到……”

马克思的逝世，也结束了他与恩格斯长达四十年的伟大友谊。

列宁对此深有感触地说：

“古老的传说中有各种非常动人的友谊的故事。欧洲无产阶级可以说，它的科学是由两位学者和战友创造的。他们的关系超过了古人关于人类友谊的一切最动人的传说。”

重任在肩

马克思逝世后，恩格斯独自承担起了指导国际工人运动的重任。

他以通信和在社会主义报刊上的宣传，指导着各国的工人运动，从不把自己的意见强加于人。

在各国的工人运动中，恩格斯最为关注德国。不仅因为德国是他的祖国，更主要的是德国社会民主党是欧洲各国最早的和最大的工人政党，也是在欧洲居于领先地位的党。

恩格斯对德国党人利用各种手段同俾斯麦进行斗争给予了高度评价。他在给倍倍尔的信中说：

> 我们的人表现非常好，在同德国现实中那些大大小小丑恶现象进行斗争中，这种坚韧、沉着、灵活和战斗决心，这种充满胜利的信心和幽默，是德国近代史前所未有的。

1884年5月，德国党的领导人之一辛格尔到伦敦拜访了恩格斯。恩格斯同他探讨了社会民主党在秋季帝国会议选举中的策略。

根据恩格斯的策略，社会民主党在1884年秋季选举中大获全胜。获得了五十五万张选票。

恩格斯得知这一消息后异常兴奋，特意启开一瓶大香槟，与在他家的朋友们同贺。

由于社会民主党在选举中获得巨大胜利，恩格斯开始认真考虑党的议会斗争策略问题。

除了德国之外，恩格斯对法、英两国的工人运动也比较关心。

恩格斯对法、英工人的关心是与关心马克思的两位女儿联系在一起的。

在马克思逝世之前，他的二女儿劳拉和女婿拉法格就已经是法国社会主义者中的领导人了。

恩格斯一直与劳拉保持着通信联系。每逢节日，他都要给劳拉和小燕妮（马克思的大女儿）的孩子们寄蛋糕和布丁。

劳拉的生日时，恩格斯如不能去巴黎，也总要写信祝贺，并寄上一些钱作贺礼。

有一次过圣诞节，恩格斯把蛋糕和布丁分为两份统统寄到劳拉家里，寄出后又觉不妥，赶紧又给劳拉写一封信说：

> 我知道拉法格喜欢甜食，而且饭量很大，我担心他会把孩子们的那一份也吃掉，请你注意他侵吞孩子们的蛋糕。

由于劳拉远在巴黎，不像爱琳娜能经常到他家里来，所以他特别想念劳拉，更为惦记她。

爱琳娜是马克思的小女儿，小时候经常到恩格斯家常住，恩格斯和马克思更宠爱她，叫她“小杜西”。

恩格斯在她长大后，不仅指导她从事工人运动，对她的个人问题也很关心。

在从事工人运动中，爱琳娜与英国社会主义者艾威林产生了感情。

两个人经常到恩格斯家做客，却对恩格斯隐瞒恋情，临到他们公开同居时，才告诉恩格斯。

恩格斯写信对劳拉说：

“这对小傻瓜，以为我什么也不知道呢！其实我早看出来了！”

恩格斯关心马克思的女儿，还体现在金钱方面。

由于劳拉夫妇还要抚养姐姐小燕妮的孩子，经济很困难，恩格斯总是像资助马克思那样资助他们，据书信记载，仅1886年就汇给劳拉245英镑。

而爱琳娜和艾威林更是把恩格斯的家当做自己的家，没钱就回“家里”取，恩格斯总能满足他们。

恩格斯对俄国的工人运动也比较关注。

1883年9月底，普列汉诺夫在俄国成立了第一个宣传马克思主义的组织——劳动解放社。

该组织一成立，就宣布要出版现代社会主义丛书，普列汉诺夫向恩格斯寻求帮助。

恩格斯便推荐了马克思的一些著作，供劳动解放社选择出版。

另外，他把马克思所收藏的近百种俄文书刊赠给另一位革命者拉普洛夫，供他们建立一个俄国革命流亡者图书馆。

恩格斯与俄国民粹派活动家克拉夫钦斯卡娅夫妇也有很深的交往。

有一次恩格斯家里举行晚会，人们在愉快而亲切地交谈，可克拉夫钦斯卡娅却呆在那儿，因不会外语而无法加入别人的谈话。

恩格斯转过来与她攀谈时，才发现她只会俄语，立即改口，用俄语与她交谈，并说：

“我很喜欢普希金的诗，您不介意我背诵一段给你听吧。”

“当然……”

克拉夫钦斯卡娅激动得声音都颤抖了。

恩格斯就用俄语流利地背诵起来：

他没有忘我的激情，
为诗文献出自己的生命。
虽然我们为他绞尽脑汁，
他却连音韵格律也分不清。
荷马、忒俄克里托斯他都曾咒骂，
但是读过亚当·斯密的作品，
他成了博学多才的经济学家。

他会有条有理地向你说明：
国家怎样才能繁荣昌盛，
它靠什么才能继续生存，
为什么当它拥有普通的产品，
竟会不需要珍贵的黄金。
父亲对他怎么也说不清，
还依然以抵押田地为生。

听恩格斯背诵完，克拉夫钦斯卡娅鼓掌叫好。这件事令她终生难忘。

恩格斯对国际工人运动所做的贡献，受到了人们的肯定。

德国社会民主党的领导人倍倍尔称恩格斯是“为阶级觉悟的无产者所信任的国际伟人。”

列宁说：“在他的朋友卡尔·马克思之后，恩格斯是整个文明世界中最卓越的学者和现代无产阶级的导师。”

完成《资本论》

恩格斯晚年的伟大的成就之一，就是完成了《资本论》第二卷、第三卷的修补、编辑和出版。

马克思在逝世之前，《资本论》第二卷的草稿还未修改完。

马克思自知不能亲手完成《资本论》了，在他逝世前不久，便对小女儿爱琳娜说：

“我希望弗雷德能根据那些未完的手稿做出点什么来，可我知道那是非常艰难的。”

实际上马克思已把完成《资本论》的历史任务托付给了恩格斯。

马克思逝世后，欧美许多社会主义活动家都关心《资本论》的续卷能否顺利出版。

在马克思逝世的第四天，倍倍尔就写信给恩格斯：

> 现在大家都关心的首先是这个问题，即：将怎样对待马克思未完成的著作《资本论》。法国的报纸已经报道，本地的报纸也在转载，说你将担负起完成这部著作的工作，大家都希望这样，并且也只有你一个人能够胜任。

与此同时，一些资产阶级政客文人也散布谣言，说马克思写不出比《资本论》更多的东西，甚至说马克思根本没有想过写第二卷。

而那些所谓的学者则又挑《资本论》的毛病，说第一卷所阐述的价值和剩余价值理论太抽象，未能说明资本主义生产方式的实际关系。

在这种情况下，恩格斯决定把完成《资本论》当作压倒其他一切的义务。

而当他真的工作起来时，才知道这副担子实在是太重了。

也明白老战友未亲口托付他的苦心，老战友是怕他太累，身体吃不消啊。

首先让他感到头疼的是辨认马克思原稿的字迹，他是最熟悉马克思字迹的，可那原稿上的字迹实在太潦草，非仔细辨认不可。

他读着原稿，并感动着，知道老战友是在与病魔的抗争中坚持写下这些东西的。

几个星期后，恩格斯才看了一遍原稿。

他给老朋友贝克尔写信：

> 首先要出版《资本论》第二卷，这不是一件小事。第二册的手稿有四稿或五稿，其中只有第一稿是写完了的，而后几稿都只是开了个头。这需要花费不少劳动，因为像马克思这样的人，他每个字母都贵似金玉。但是，我喜欢这种劳动，因为我又和老朋友在一起了。

1883年9月，恩格斯一边辨认，一边誊写，总算把第二卷第二册的大部分内容整理出来了。

恩格斯在给考茨基的信中说：

> 第二册会使庸俗的社会主义者大失所望。这一册的内容，几乎只是对资本家阶级内部发生的过程做了极其科学、非常精确的研究，没有任何东西可供编造空泛的字眼和响亮的名词。

1883年10月，恩格斯累得病倒了。

为誊写工作不停下来，他以每周两英镑的酬金请了个秘书，由他口述手稿，让秘书记录。

手稿誊写之后，恩格斯又开始对全书的结构进行调整。同他对第一卷提出的意见一样，分章太少，第二卷也有这种情况。接下来，他对全书的文字进行反复推敲，对原稿的空白处进行填补，并力求填补得像马克思本人的一样。

1885年3月8日，经过近两年的辛勤工作，《资本论》第二卷终于整理完毕。

7月《资本论》第二卷正式出版了。

在《资本论》第二卷的序言中，恩格斯为了捍卫老战友的荣誉，还驳斥了资产阶级学者洛贝尔图斯及其信徒对《资本论》第一卷的攻击。

洛贝尔图斯是德国庸俗的经济学家，在《资本论》第一卷出版后，他多次诽谤马克思剽窃了他的剩余价值理论。

由于他的诽谤在当时影响不大，马克思也未予理睬。

可马克思逝世后，洛贝尔图斯及其信徒把这种谬论当作了事实大加宣扬，致使谎言流传开来，引发许多资产阶级理论家向马克思的猖狂进攻。

恩格斯真是气坏了！

他放下手头工作，写了题为《马克思和洛贝尔图斯》的文章。

他在文章中指出，在马克思的《资本论》问世之前，任何一派社会主义经济理论无一例外地都与李嘉图的价值理论相衔接，洛贝尔图斯根本分不清价值和交换价值，更不懂得价值规律。可笑的是他自己没有任何可供别人剽窃的地方，竟能发现自己被别人“剽窃”了！

在《资本论》第二卷的序言中，恩格斯再一次对洛贝尔图斯及其信徒的诽谤进行了回击。

《资本论》第二卷的出版，粉碎了资产阶级学者对马克思的攻击，受到了各国社会主义者的热烈欢迎。

而这时候，恩格斯已经进行《资本论》第三卷的整理工作了。

在读完第三卷的手稿时，恩格斯为老战友阐述的政治经济学理论感到惊叹不已。

他在给劳拉的信中说：

我钻研得越深，也就越觉得《资本论》第三卷的伟大……一个人有了这么巨大的发现，实行了这么完全和彻底的科学革命，竟会把它们在自己身边搁置二十年之久，这几乎是不可想象的。

另外，他在给倍倍尔的信中说：

我正在搞第三卷。它是卓越的，出色的。这对整个旧经济学确实是一场闻所未闻的变革。只是由于这一点，我们的理论才具有不可摧毁的基础，我们才能在各条战线上胜利地发动起来。只要书一出来，党内的庸人习气也会再次受到久久不会忘记的打击。

在恩格斯看来，第三卷是他读过的著作中最惊人的著作，当然，他投入的工作量也最大。

恩格斯从开始到最后完成，他花在《资本论》第三卷上的时间是十年。

这主要有三方面的原因：

一是这期间国际工人运动日益高涨，他不得不挤出更多时间进行指导；

二是他年事已高，疾病也来找麻烦，特别是视力衰退得厉害，晚上几乎不能写作；

三是马克思的第三卷手稿极不完整：有的章篇的开始通常都是写得挺好，可越往后越庞杂，有的地方还离题太远，这就需要进行删节。有的章篇只有一个标题却没有实际内容，这就需要填补“空白”。

当恩格斯被搞得疲惫不堪时，他就鼓励自己。在给劳拉的信中说：

不管怎样，我要把整理摩尔的书的工作坚持下去。这部书将成为他的纪念碑，这是他自己树立起来的，比别人能为他树立的任何纪念碑都更加宏伟。

《资本论》第三卷是1894年12月出版的。

由于健康状况日益恶化，恩格斯已知道自己无力完成《资本论》第四卷了。

他于是为第四卷的出版做出重要安排：

他首先考虑到要教会别人辨认马克思“天书”一般的字迹。

他选择了两个人：伯恩施坦和考茨基。

他在给考茨基的信中说：

我应当考虑到，不仅使马克思的这一部手稿，而且使其他手稿离了我也能为人们所利用。要做到这一点，我得教会一些人辨认这些潦草的笔迹，以便必要时能够代替我……

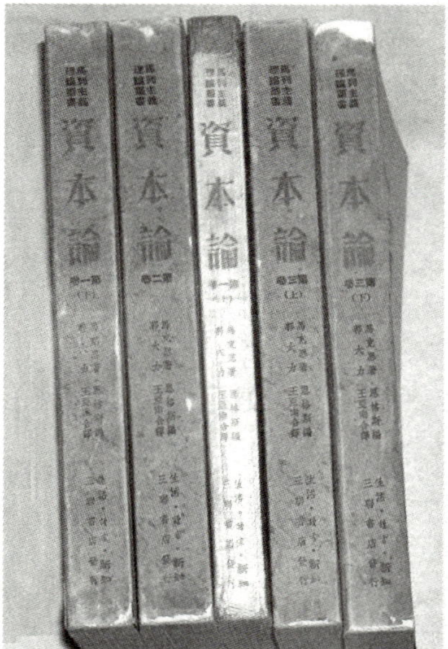

中文版《资本论》

由于伯恩施坦抽不出时间，最终的任务只能落到考茨基的肩上。

《资本论》第四卷后来由考茨基整理出版，但恩格斯也倾注了不少心血。

后来，有一位社会民主党领导人这样评价说：

“恩格斯出版了《资本论》第二卷和第三卷就是替他的天才朋友建立了一座庄严宏伟的纪念碑，在这座纪念碑上，他无意中也把自己的名字不可磨灭地铭刻上去了。”

而列宁说得更深刻：如果没有恩格斯的帮助，马克思不仅写不成《资本论》，而且必然死于贫困。

两个女管家

在马克思逝世之后，恩格斯为了能使自己全力从事《资本论》的整理工作，同时也为了让作为马克思家庭一员的琳蘅老有所依，恩格斯请求琳蘅到自己家里来，帮他料理家务。

琳蘅同意了，便成了恩格斯的第一个女管家。

这年琳蘅已经六十岁了。

琳蘅是贫苦农民家庭出身，八九岁时就到燕妮家里当仆人。

她对燕妮父母照顾得体贴周到，受到信任，后来成了燕妮家的管家。

她和燕妮亲如姐妹，一直是燕妮未出嫁时的知己和贴身女伴。

燕妮出嫁后，燕妮的母亲心疼燕妮，把琳蘅作为“最好的礼物”送给了燕妮。

琳蘅也非常高兴和燕妮生活在一起，于是就成了马克思家的女管家。

她本是农家出身，又经过精心调教，在操持家务方面具有很高能力，甚至强于燕妮。

她聪明热情而又开朗，擅长缝纫和烹调，并能够灵活地处理好生活中的日常小事。

可以说，正是有了琳蘅，马克思和燕妮在生活方面才减轻了许多压力。

她还把全部的爱倾注在马克思和燕妮的孩子身上，成为当之无愧的

“第二母亲”。

琳蘅对马克思一家的贡献和所付出的牺牲，恩格斯比谁都清楚，他非常尊敬琳蘅，认为琳蘅身上有着人类最美好的品格：人性、慈悲和忠诚。

琳蘅终身未婚，她把一生都给了燕妮一家及马克思一家。

在李卜克内西的回忆录中也提到了琳蘅：

> 虽然她不曾立过任何誓约，但她那忠诚的心自然而然地使她非同卡尔和马克思夫人以及孩子们连在一起不可。
>
> 于是她留下来了，而她的青春岁月消逝了。
>
> 她留下来，和他们同甘苦，共患难。当她将自己的命运与之连在一起的人们都死去时，她才得到休息。

琳蘅在恩格斯家当管家，而恩格斯却把她当成女主人，家里一切事全听琳蘅的。

恩格斯怕琳蘅劳累，还雇了两名佣人帮助做家务。

琳蘅喜欢看戏，恩格斯就经常安排她到伦敦一些著名剧院看演出。

琳蘅患了下肢风湿和哮喘病，恩格斯经常陪她去海滨疗养，并请伦敦的名医为她治疗。

他们在一起幸福地度过了七年。

这七年，琳蘅把恩格斯的家料理得井井有条，对来客也款待得热情周到。

而恩格斯以对老战友夫妇的哀思，对琳蘅的敬意，把琳蘅视为好朋友和亲人，进行无微不至的关怀。

1890年11月4日，琳蘅病逝了。

恩格斯默默地承受着这巨大的打击。

他在给朋友的信中，说：

> 今天我要告诉你一个悲痛的消息，我的善良的，亲爱的，

忠实的琳蘅，在得了短期的，不太痛苦的病之后，昨天白天安详地逝世了。

我同她在这个房子里一起度过了幸福的七年。我们是最后的两个1848年前的老战士，现在只剩下我一个人了。

如果说马克思能够长年的、而我能够在这七年里安静地工作，这很大程度上我们要归功于她。

我还不知道现在我将怎样，听不到她对党的事务的极诚恳的忠告，我会痛感到是个损失。

几天后，遵照马克思夫妇生前遗愿，恩格斯把琳蘅安葬在马克思夫妇的墓穴里。

此后一连几天，恩格斯都很忧郁。

他想着应该找谁做自己的管家，他并不愿把自己的晚年交给一个陌生的人。

想来想去，他想到了路易莎。

路易莎是考茨基的妻子，他们1883年相爱，却遭到了双方家庭的反对。

她是奥地利的社会主义者，具有一定的反叛意识，她和考茨基冲破家庭阻力，终于幸福地结合了。

恩格斯选中考茨基辨认马克思的笔迹后，写信并提供路费，让考茨基夫妇来到了伦敦。

恩格斯教考茨基辨认马克思笔迹的那段时间，考茨基夫妇就住在恩格斯家里。

等考茨基学会辨认马克思手稿，并已经誊写了一部分，夫妇就带着手稿返回了德国。

从那后，恩格斯因为关注马克思的手稿，与考茨基一直保持着密切的通信联系。

恩格斯一度因为考茨基工作效率低，想让对方把手稿寄还给他，他再另外找人。

1888年8月，恩格斯由他的老朋友化学家肖莱马和爱琳娜夫妇陪同到大西洋和北美做了一次长途旅行。

返回伦敦时已是1888年10月，他竟听到了考茨基与路易莎闹离婚的消息，这让恩格斯颇感意外。

恩格斯立即写信向路易莎询问。

路易莎回信告知，是因为考茨基喜新厌旧，趁她回维也纳照顾病母的机会，认识了阿尔卑斯山区的一个年轻漂亮姑娘。

信中善良的路易莎并未责怪考茨基，还替丈夫开脱，说“如果没有爱情，没有激情，他的本性就会死亡”。

恩格斯读完“这封了不起的特别宽宏大量的信”，对路易莎深感敬佩。

他在给路易莎的回信中安慰对方：

> 无论发生什么情况，有一点我是深信不疑的：您具有这样英勇气概，会克服一切困难并经过种种斗争而成为胜利者。
>
> 我和尼姆（指琳蘅）的衷心祝愿将伴随着您。
>
> 我们乐意尽我们的可能为您效劳，您可以无条件地支配我们，如果有朝一日命运又把您带到这里来，那么在任何情况下，您都可以把我们的家当做您自己的家。

而后，恩格斯又给考茨基写信，批评对方“干了一件一生中最大的蠢事”，并劝说他们能处理好这件事情。

然而，恩格斯的劝说无济于事。

1889年9月，考茨基与路易莎离婚了。

恩格斯对此表示极其遗憾，并认定考茨基总有一天会后悔的。

不知道考茨基是否后悔，而他却未能与那个漂亮姑娘结婚，因为那漂亮姑娘看他弟弟更英俊，就一头投入他弟弟的怀抱了。

就这样，当恩格斯失去了管家琳蘅时，他想到了路易莎。

他一直与路易莎保持着通信联系，很同情对方的不幸。

于是，恩格斯给正在维也纳一家医院当护士的路易莎写了封信，提出了自己的请求，让路易莎来当他的女管家。

路易莎接到信后，用行动回答了恩格斯：她来到了恩格斯的家里。

路易莎在家务方面只是做出安排，并不亲自动手，她主要是记录恩格斯口述的文章或转抄材料，所以更像个秘书。

她也同恩格斯一起探讨一些问题，包括自然科学的一些知识。

在晚上恩格斯休闲时，路易莎还陪他打牌以消除疲劳。

恩格斯对路易莎的工作很满意，在给友人的信中，说：

> 这位可爱的女孩子为我做出的牺牲，我是非常感激的。我又能安静地工作了，而且比以往任何时候都要好……这样，一切都意外地好了起来，使人感到舒适，我的房子里又充满了阳光。

1889年，领导建立“第二国际”。1894年，《资本论》第三卷出版。1895年8月5日病逝于伦敦家中。